우리 집 고양이의
행동 심리

NEKO-NO GA WAKARU! by IMAIZUMI Tadaaki

Copyright ©2019 IMAIZUMI Tadaaki
All rights reserved.
Original Japanese edition published by Bungeishunju Ltd., in 2019.
Korean translation rights in Korea reserved by DAON BOOKS under the license
granted by IMAIZUMI Tadaaki, Japan arranged with Bungeishunju Ltd., Japan through Creek&River Entertainment.

이 책의 한국어판 저작권은 크릭앤리버를 통해 저작권자와 독점 계약한 다온북스에 있습니다.
저작권법에 따라 한국 내에서 보호를 받는 저작물이므로 무단전재와 무단복제를 금합니다.

고양이는 어떤 생각을 할까?

우리 집 고양이의 행동 심리

이마이즈미 다다아키 지음
장인주 옮김

다온북스

■ 일러두기

1. 영어, 한자, 일본어 및 기타 병기는 본문 안에 작은 글씨로 처리했습니다.
2. 외래어 표기는 국립국어원의 규정을 바탕으로 했으며, 규정에 없는 경우는 현지음에 가깝게 표기했습니다.
3. 일부 용어는 한국 반려동물 문화에 맞추어 보다 친숙한 표현을 사용했습니다.

머리말

　고양이와 개 중 어떤 동물이 더 인기가 많을까요? 영원히 결론이 나지 않을 것 같은 주제지만 사실 옛날에는 개를 키우는 사람이 더 많았습니다. 그런데 2010년대 후반에 이르러 드디어 고양이를 키우는 사람의 수가 개를 키우는 사람의 수보다 많아졌다고 합니다. 1인 가구 수가 증가함에 따라 고양이를 키우는 편이 더 쉽다고 생각하게 된 것이 많은 요인 중 하나로 보입니다. 이 말을 포유동물학자인 저 나름대로 바꿔 말하자면, 고양이가 개보다 자립성이 높은 동물이라고 할 수 있습니다.

제5장에서 자세히 다루겠지만, 개는 인간과 함께 살아온 역사가 깁니다. 그동안 사람에 의한 품종 개량도 왕성하게 이루어졌고, 반려동물로서 인간과 깊은 관계를 맺어 왔습니다. 이에 반해 고양이는 개보다 야생 동물에 더 가깝고 그만큼 독립적인 성격을 가지고 있습니다.

하지만 고양이를 둘러싼 환경도 변하기 시작했습니다. 고양이를 집에서만 키우는 것이 일반화되었고, 거리를 활보하는 '산책냥이'도 좀처럼 보기 힘들어졌습니다. 그러한 가운데, 고양이가 개와 크게 다르지 않을 거라 생각하고 집에 들였다가 마구 뛰어다니는 모습이나 이따금 공격적으로 구는 모습에 깜짝 놀라는 사람도 있습니다. 또는 제대로 키우지도 못하면서 많은 고양이를 데리고 오는 '애니멀 호더animal hoarder'와 같은 사회 문제가 발생하는 경우도 있습니다. 이런 일들은 모두 고양이의 생태를 몰라서 일어나는 현상입니다.

뇌 과학은 고양이라는 동물의 비밀을 밝힐 때 힌트가

됩니다. 하지만 여전히 뇌 과학은 열품※品이라는 인식이 팽배한 가운데, 뇌 과학을 스포츠에 접목하면 훈련이나 정신 강화 면에서 좋은 결과를 낼 수 있다는 사실처럼 동물 관련 연구에서도 보다 설득력 있는 증거가 요구됩니다.

뇌 과학의 관점에서 고양이의 뇌를 살펴보면 어떨까요? 고양이의 뇌는 인간 뇌만큼 연구되고 있지는 않지만 포유류의 뇌라는 점에서는 몇 가지 시사점이 있습니다. 이 책에서는 단순히 고양이의 뇌 구조뿐만 아니라 고양이의 습성이나 살아온 역사 등에 대해서도 고찰해 보고자 합니다.

저는 50년 이상 이리오모테살쾡이 연구에 종사해 왔습니다. 고양이의 매력에 푹 빠진 사람으로서 '고양이의 매력은 무엇인가'하는 생각을 자주 합니다. 편협한 표현일지도 모르지만 아무래도 '여러모로 멋진 동물'이라는 점이 가장 매력적입니다. 낭비하지 않고, 독립적이고, 평화주의적이고, 다정하고, 기분이 자주 바뀌고, 깔끔하고, 사람과 거리를 유지하는 것 등.

고양이는 인간과 가까이 지내는 동물 중 야성이 살아 있는 흔치 않은 존재입니다. 이들은 오랫동안 인간과 함께 살아왔음에도 불구하고 절대로 자기 자신을 굽히지 않습니다. 자신의 삶을 관철하는 것만으로도 사람의 마음을 끌어당기다니. 고양이가 가진 매력의 원천은 무엇일까요? 이 책에서는 그 전모를 알아보기 위해 고양이의 뇌를 포함해 거의 모든 방면에서 해석을 시도했습니다.

제1장에서는 고양이 뇌의 대략적인 구조를 설명하고, 제2장에서는 뇌와 가까운 감각 기관에 대해서 설명합니다. 제3장에서는 아직 남아있는 야생적인 습성에 대해서, 제4장에서는 고양이의 뇌가 조절하고 있는 감정 전반에 대해서 해설합니다. 그리고 제5장은 앞으로 인간과 고양이가 어울려 살아가기 위한 방법을 실례를 바탕으로 해 고찰합니다.

오랫동안 고양이 연구에 종사해 온 입장에서는 현재의

고양이 열풍에 다소 회의적입니다. 귀여움만 부각되었다는 느낌이 들기 때문입니다. 고양이는 단지 귀여운 동물이 아니라 야성미, 동물적인 모습, 자립성 등 다양한 모습이 있고, 이 역시 커다란 매력이라고 생각합니다.

고양이를 좋아하고 고양이와 함께 살고 싶다면 고양이의 생태를 공부하는 것부터 시작합시다. 단순히 고양이에게 관심이 있는 사람도 대환영입니다. 고양이의 본질을 이해하기 위해서는 고양이의 뇌 구조와 습성을 아는 것이 중요합니다. 그리고 고양이라는 동물 그 자체와 그들이 살아가는 방식을 이해하는 것이 곧 우리의 모습을 되돌아보는 기회로 이어진다고 생각합니다.

차례

머리말　5

제1장 고양이의 뇌는 이렇게 만들어져 있다

인간과 고양이의 뇌는 비슷하다　15
대뇌변연계의 비율이 크면 본능 행동이 강하다　19
단기 기억, 장기 기억 모두 OK!　25
번식 행동을 좌우하는 시상하부　30
엉덩이를 높이 치켜드는 자세와 뇌간 망양체 부활계의 관계성　37
고양이의 수면과 중뇌의 연관성　42
고양이는 패닉에 빠지기 쉽다　48

제2장 고양이의 감각은 이렇게 이루어져 있다

시각: 어두운 곳에서도 잘 볼 수 있는 이유는?　57
청각: 초음파를 감지하다　70
후각: 인간보다 20만~30만 배는 뛰어난 후각　80
미각: 생존에 직결된 문제, 아미노산에 예민한 고양이　91
촉각: 집중 센서! 수염과 발바닥　102

고양이의 식스센스　112

제3장 뇌를 알면 달리 보이는 고양이의 습성과 행동

고독한 사냥꾼　119
발정과 교미의 실태　129
사회화 시기가 뇌에 미치는 영향　138

어미 고양이에게 배우는 고양이 사회의 규칙　142
선착순으로 결정되는 단순한 승부　151
고양이의 귀소 본능　160

제4장 고양이의 마음을 들여다보면……

고양이의 지능은 두 살배기 아기보다 높다?　167
고양이의 희로 '애(愛)' 락　172
고양이가 변덕꾸러기인 이유　185
울음소리로 기분을 표현한다　191
고양이는 왜 '골골송'을 부르는 걸까?　196
고양이는 클래식 음악 애호가　203

제5장 인간과 고양이가 함께 살아가기 위한 길

인간은 언제부터 고양이를 키우게 되었을까?　209
고양이는 인간의 말을 이해하고 있는 걸까?　218
고양이를 개처럼 훈련시킬 수 없는 이유　224
고양이가 말썽을 부릴 땐 반드시 이유가 있다　230
스트레스에 취약한 고양이?　238
응가는 고양이의 주장입니다　245

맺음말　249
주요 참고 문헌　252

제1장

고양이의 뇌는
이렇게 만들어져 있다

인간과 고양이의 뇌는 비슷하다

고양이의 이상한 행동을 보고 고양이의 머릿속은 도대체 어떻게 되어 있을까 궁금했던 적 없나요? 머리가 작으니 뇌도 작을 테고, 당연히 인간과는 다르겠죠.

하지만 의외로 고양이 뇌의 기본 구조는 인간과 흡사합니다. 때문에 고양이의 뇌가 사람의 뇌를 연구하는 데 사용된 적도 있습니다. 1954년에 스위스의 생리학자 발터 루돌프 헤스^{Walter Rudolf Hess}가 실시한 고양이 뇌 전기 자극 실험 등을 비롯해 특히 1950년대에 많은 고양이들이 실험에 동원되었으며, 인간의 뇌에 대한 연구 역시 이를 통해 진행되

[도표 1] 뇌의 대략적인 3층 구조

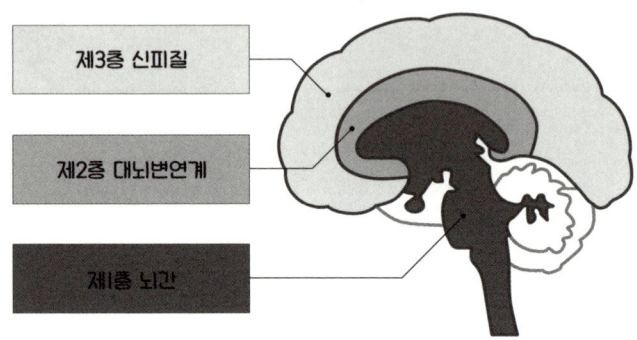

었다고 알려져 있습니다.

기본 구조가 같으므로 고양이의 뇌를 상상할 때는 인간의 뇌를 생각하면 이해하기 쉽습니다. 척추동물의 뇌는 크게 3층 구조로 이루어져 있으며, 제1층이 뇌간, 제2층이 대뇌변연계, 제3층이 신피질입니다(도표 1 참조).

제1층의 뇌간(腦幹)은 말 그대로 뇌의 줄기입니다. 여기에 있는 시상하부(視床下部)가 체온이나 호르몬을 조절하고 있으며, 이른바 생명의 중추입니다. 제2층의 대뇌변연계는 감정을 담당하는 부위이며, 본능, 성 행동 등과 관련이 있습니다.

뇌의 가장 바깥 부분에서 뇌의 중심을 감싸듯이 펼쳐져 있는 제3층 신피질은 사고 전반을 담당하고 있습니다.

고양이의 뇌 구조는 인간과 별반 다르지 않지만 한 가지 크게 다른 점이 있습니다. 인간의 뇌에서 많은 부분을 차지하는 신피질이 고양이의 경우 매우 적고 미발달되었다는 점입니다. 신피질은 언어 기능을 비롯해 합리적인 사고, 윤리성 등 정신 활동과 관련된 부위로 '인간다움', 즉 이성과 관련 있는 영역입니다. 영장류 중 인간이 특히 발달한 부분으로, '생각하는 뇌'라고 부르기도 합니다.

고양이 뇌의 경우 이 신피질이 변연계를 덮듯이 희미하게 존재할 뿐입니다. 그러므로 신피질 발달 정도로 미루어 보아 고양이가 논리적인 생각을 하거나 고도의 정보를 처리하는 것 등은 물리적으로 불가능할 듯합니다.

그러나 인간다움의 상징인 신피질이 희미하게나마 있다는 점을 중요하게 여겨야 합니다. 전혀 없는 것은 아니니까요! 최근 동물 보호 차원에서 고양이를 이용한 연구 진행을 멈췄기 때문에 아직 해명되지 않은 부분이 많지만, 아무래도 고양이를 보고 있으면 그들에게도 이성이 있고, 스스로 무언가 합리적인 판단을 내리는 것 같다는 생각이 듭니다.

단순히 뇌의 구조만으로는 설명할 수 없는 부분도 있습니다. 뇌뿐만 아니라 고양이가 오랜 세월을 살아오면서 만들어진 습성이나 생활 환경과 관련지어서 살펴보는 것이 고양이의 비밀을 푸는 열쇠가 됩니다.

단독생활은 고양이의 오랜 습성입니다. 때문에 이 특징이 고양이의 모든 행동에 관여한다고 말하더라도 과언이 아닙니다. 제3장에서 구체적으로 설명하겠지만, 고양이 뇌의 메커니즘을 알면 보다 적절하게 고양이에게 다가갈 수 있을 거라 믿습니다.

대뇌변연계의 비율이 크면 본능 행동이 강하다

고양이의 신피질 발달 정도는 인간보다 뒤떨어진다고 알려져 있지만, 제2층에 해당하는 대뇌변연계가 뇌에서 차지하는 비율은 인간보다 더 발달되어 있습니다(도표 2 참조).

고양이 뇌의 대부분을 차지하는 대뇌변연계는 성 행동이나 정동[情動, 일시적인 강한 감정]과 관련된 부분입니다. 동물의 생존 본능과 깊은 관계가 있으며, '오래된 뇌', '포유류의 뇌'라고도 불립니다. 이 대뇌변연계에는 해마, 변두체 등이 속해 있습니다.

◉ [도표 2] 대뇌변연계의 크기 비교
*짙은 색이 대뇌변연계

토끼

고양이

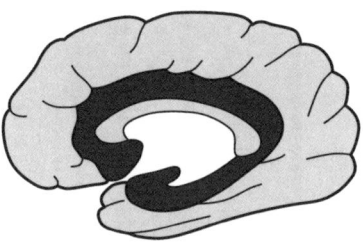

인간

〈인간종합과학人間総合科学〉제5호를 토대로 작성함.

'해마'에 대해서는 들어본 적이 있을 것입니다. 기억과 관련이 깊은 부위이죠. 그렇다면 해마 바로 옆에 있는 '편도체'에 대해서는 알고 있나요? 해마만큼 알려져 있지는 않지만 이 편도체라는 영역은 고양이가 살아가는 데 중요한 역할을 하고 있습니다. 불안이나 공포를 담당하는 부위이기 때문입니다.

　예를 들어 고양이가 어떤 냄새를 맡았다고 합시다. 이후 이 냄새에 대한 정보는 비강 속에 있는 후각세포에 포착됩니다. 후각세포는 후점막에 있으며, 이는 뇌의 편도체와 직결되어 있습니다. 때문에 정보는 바로 편도체에 보내져 안전한지 불안전한지 판정받습니다. 만약 위험하다고 판단되었다면 고양이는 그 자리에서 바로 도망칩니다. 이처럼 편도체에서 내린 판단은 곧 스스로를 지키는 행동으로 이어집니다. DNA에 새겨진 '위험에서 재빨리 벗어나야 한다'는 본능, 즉 생존 본능은 동물들이 살아남기 위해서 반드시 필요합니다.

　최근에는 공포 등의 경험이 DNA에 새겨져 자손에게

유전된다는 설도 나오고 있습니다. 그런 의미에서 불안, 공포 등 민감하게 반응하는 편도체는 가장 '원시적인 뇌'의 일부라고도 할 수 있겠습니다.

😺 고양이는 불안이나 공포에 민감하다

인간의 불안, 공포, 긴장과 같은 정동을 담당하고 있는 것도 편도체입니다. 예를 들어 스트레스를 심하게 받으면 편도체가 과민 반응을 일으켜 뇌 속 신경 전달 물질인 세로토닌^{serotonin}(이른바 행복 호르몬)이 저하됩니다. 그렇기 때문에 우울증이나 공황장애 같은 질환과 관련이 있다고 여겨지기도 합니다. 이처럼 사람이든 고양이든 공포를 느끼는 근간은 동일하게 편도체입니다.

길고양이는 사람이 한 발짝 다가가기만 해도 달아납니다. 반려고양이도 낯선 사람이 집에 오면 꼭꼭 숨어버립니다. 게다가 작은 물건이나 소리에 반응해 필요 이상으로 놀라기도 합니다. 주인이 몰래 놓은 오이를 보고 기겁하는 고양이의 동영상이 화제가 되기도 했습니다. 이런 행동 때문에 '고양이는 겁쟁이다'라고 오해받는 모양인데, 이는 겁이 많은 것이 아니라 편도체가 발달되어 경계심이 강하고 민감하기 때문에 보이는 행동입니다.

경계심이 강하다는 것은 생존 본능이 강하다는 것과 같습니다. 또한, 고양이는 단독생활 동물이므로 위험을 재빠르게 알아채지 못했다면 지금까지 살아남지 못했을 것입니다.

사람과 함께 생활하는 고양이에게서 야성미가 느껴지는 이유는 고양이의 편도체가 제대로 기능하고 있고, 인간과 살고 있는 지금도 생존 본능이 유지되고 있기 때문이 아닐까 싶습니다.

한편 편도체는 애착 형성에도 관여하는 영역입니다. 앞에서 설명했듯이 편도체는 대상이 안전한지 위험한지, 즉 '유쾌와 불쾌'를 판단하고 있습니다. 위험에 민감하게 반응하는 것과 마찬가지로 '안전 = 유쾌'라는 정보를 전달하기도 합니다. 때문에 사람이 고양이가 좋아하는 것을 제공하면 편도체에서는 '안심'이라는 감정을 입력합니다. 이 행동을 반복하면 사람에 대한 애착이 형성된다고 추측되고 있습니다. 인간 부모 자식 간의 애착 형성과 마찬가지로 인간과 고양이 사이에서도 애착 형성이 이루어집니다.

고양이와 함께 살아본 적이 없는 사람은 고양이가 사람에게 애착을 갖는다는 사실이 의아하게 느껴질 수도 있습니다. 하지만 인간과 반려동물 간의 애착 형성은 동물 행동학의 연구로 밝혀진 바 있습니다. 이렇게 고양이가 사람과 정서적인 관계를 가질 수 있는 것도 대뇌변연계가 발달된 덕분입니다.

단기 기억, 장기 기억 모두 OK!

해마는 편도체와 마찬가지로 대뇌변연계에 소속되어 있으며, 기억과 관련해 중요한 역할을 합니다. 새로운 기억이 정보로써 저장되는 장소이기 때문입니다. 그렇기 때문에 알츠하이머형 치매에 걸리면 뇌 중에서도 해마가 먼저 손상된다고 알려져 있습니다. 고양이의 뇌에도 해마가 있으므로 당연히 다양한 것을 기억할 수 있습니다.

기억에는 크게 단기 기억과 장기 기억이 있습니다. 단기 기억은 몇 초부터 몇 시간 사이에 일어난 일을 말합니다.

예를 들어 지금이 점심 즈음이라면 아침에 무엇을 먹었는지 바로 기억해 낼 수 있습니다. 이처럼 방금 무엇을 했는지 기억하는 것, 또는 전화번호를 외우는 것 등 간단하고 쉬운 일입니다. 뭐 요즘은 전화번호를 외울 일도 없지만요. 한편 장기 기억은 집 주소나 친한 사람의 생일 등 정보를 몇 년 동안 기억하는 능력을 말합니다.

어느 실험 결과에 따르면 고양이는 단기 기억에 더 강합니다. 이 실험은 미국의 미시간대학교에서 실시한 실험인데, 요약하면 다음과 같습니다.

먼저 여러 개의 상자를 준비하고 고양이가 사료가 들어 있는 상자의 전구에만 불이 들어온다는 사실을 인식하게 만듭니다. 일정 시간이 흐른 뒤에도 고양이가 전구가 켜진 상자에만 다가간다면 '불 켜진 상자 안에 사료가 있다'는 사실을 기억하고 있는 것입니다.

실험 결과, 고양이가 사료가 들어 있는 상자를 기억한 시간은 무려 16시간이었다고 합니다. 똑같은 실험에서 개는 불과 5분밖에 기억하지 못했다고 하니 고양이의 단기 기

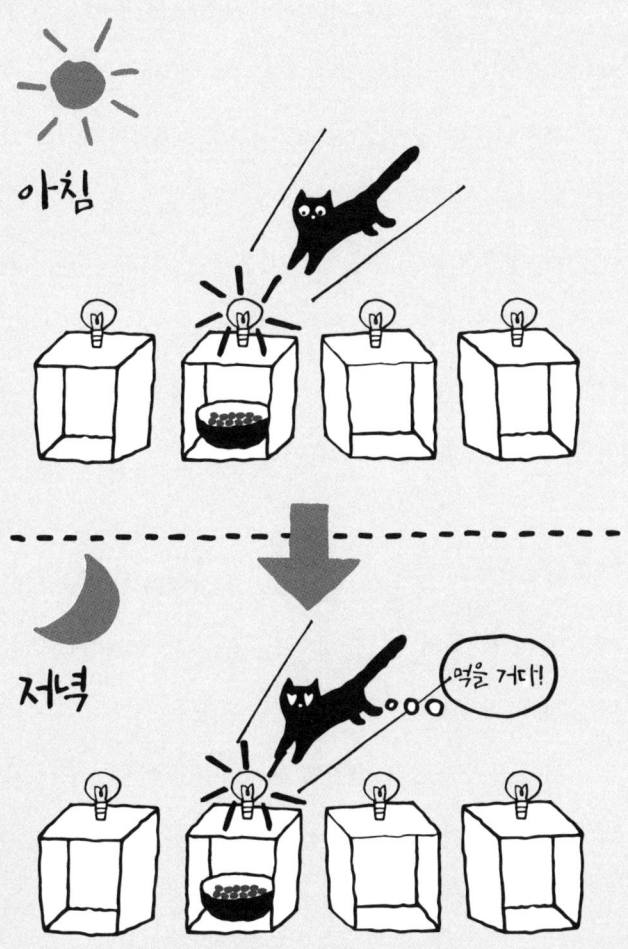

억력이 얼마나 뛰어난지 알 수 있습니다. 특히 의지할 곳 없는 길고양이에게 있어 먹이에 관련된 것은 사활이 걸린 문제이므로 높은 기억력이 발휘되는 거라 생각됩니다.

통조림 간식을 따는 소리만 들어도 고양이가 달려오기도 합니다. 그것은 고양이가 '통조림을 따는 소리 = 먹을 것'이라고 연관 지어 기억하고 있기 때문입니다. 게다가 가르치지 않았는데 스스로 문을 여닫는 고양이도 있습니다. 이런 행동도 인간이 문을 여는 모습을 유심히 관찰하고 기억한 것이라고 추측할 수 있습니다.

마찬가지로 안 좋은 일도 잘 기억합니다. 어떤 의미에서는 좋은 일, 즐거웠던 일보다 안 좋은 일, 끔찍했던 일을 더 쉽게, 더 오랫동안 기억하고 있습니다.

예를 들자면 동물 병원에 데려가려고 이동 장을 꺼내자마자 고양이가 도망치는 경우입니다. 아마 고양이를 키우는 사람이라면 누구나 한 번쯤 고양이를 잡느라 진땀을 뺀 경험이 있으리라 생각합니다. 이 상황 역시 고양이가 '이

동장 = 동물 병원'이라고 기억하고 있기 때문에 일어난 것입니다. 주인 입장에서는 꼭 필요한 일이지만 고양이에게는 무서운 경험, 부정적인 기억이었나 봅니다.

좋은 기억과 안 좋은 기억은 장기 기억으로 분류할 수 있습니다. 즉 고양이는 단기 기억력뿐만 아니라 장기 기억력도 좋습니다.

고양이의 비상한 기억력을 증명하는 행동 중에는 '순찰'이 있습니다. 고양이는 영역 동물이며, 집고양이에게는 자신이 사는 집이 영역입니다. 이들은 한 번이라도 드나든 적이 있는 장소는 반드시 기억해 두고 순찰하고 싶어 합니다. 단독생활이라는 습성에 따르면 자신의 영역에 일어난 이변은 곧 제 목숨과 관련 있으므로 자신의 영역을 꼭 순찰해야만 합니다. 이는 습성임과 동시에 뇌에 깊이 새겨진 기억이기도 합니다.

번식 행동을 좌우하는 시상하부

앞에서 척추동물의 뇌는 3층으로 나뉘어 있고, 가장 안쪽에 있는 제1층 뇌간이 생명의 중추라고 설명했습니다. 이 부분은 '파충류의 뇌'라고도 불리며, 심박, 호흡, 체온, 호르몬, 섭식, 대사 등을 담당합니다. 동물의 생명 유지에 빼놓을 수 없는 영역이지요(도표 3 참조).

왜 파충류의 뇌인가 하면, 진화 과정에서 제2층 '포유류의 뇌'의 전 단계에 해당되기 때문입니다. 포유류의 진화 전 단계가 파충류이니 어쩌면 당연하다고 할 수 있겠습니다. 앞서 대뇌변연계를 '오래된 뇌'라고 묘사한 바 있는데,

☺ [도표 3] 뇌의 3층 구조 이미지 도면

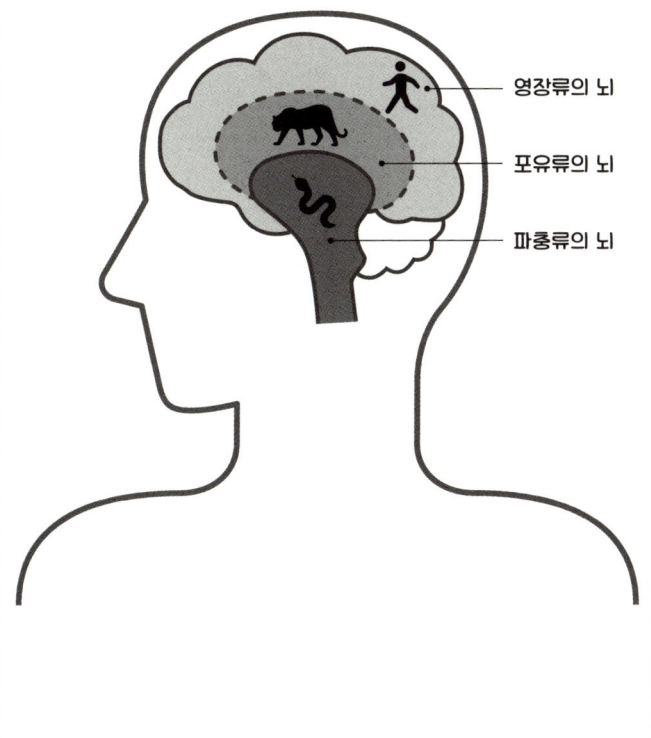

PRTIMES의 기사를 토대로 작성함.

그렇다면 뇌간은 '태고의 뇌'가 되겠네요.

사람뿐만 아니라 고양이도 무의식적으로 호흡하고, 땀 흘리고, 숨을 헐떡이는 행동을 하고 있습니다. 이렇게 무의식적인 행동을 조절하고 있는 것은 뇌간의 시상하부에 있는 자율 신경自律神經입니다.

자율 신경에는 신체 활동 시에 우위가 되는 교감 신경과 휴식을 취할 때 우위가 되는 부교감 신경이 있으며, 이 두 신경이 균형을 잘 이뤄야 건강한 몸 상태를 유지할 수 있습니다. 그런데 스트레스, 과로 등으로 인해 자율 신경의 균형이 무너지면 신체 기능에 이상이 생깁니다. 이러한 상태를 '자율 신경 기능 이상(자율 신경 실조증)'이라고 하며, 일종의 현대병으로 점차 환자 수가 증가하고 있습니다.

고양이도 자율 신경 기능 이상에 걸리곤 합니다. 병명은 '고양이 자율 신경 이상증Key-Gaskell syndrome'이며, 1982년 영국에서 보고된 후 널리 알려지게 되었습니다. 사람의 자율 신경 기능 이상과 마찬가지로 온몸에 영향을 미치고, 식욕부진이나 변비, 체온 조절 기능 이상 등 다양한 증상을 보입니다. 하지만 원인은 아직 밝혀지지 않았으며, 따라서 대증요법^{對症療法} 중심의 치료가 진행되고 있습니다.

앞에서도 설명했지만, 고양이의 뇌 구조는 사람과 매우 비슷하며, 고양이의 뇌에도 시상하부가 있으므로 자율 신경이 몸에 영향을 미칠 수 있습니다. '고양이도 자율 신경이 있으다. 그러니 자율 신경 기능 이상에 걸릴 수 있다'는 사실은 이해가 되지만, 걱정 없이 마냥 편안하게 사는 것처럼 보이는 고양이들이 스트레스성 병에 걸리다니! 이유는 무엇일까요? 만약 원인은 알 수 없고 다만 자율 신경의 교란 때문이라는 사실만 밝혀진 것이라면 이 병의 원인이 스트레스라고 생각하는 것은 선부른 판단일지도 모릅니다. 고양이의 스트레스 요인에 대해서는 제5장에서 설명하겠지만, 고양이의 자율 신경 실조증에 대해서는 더 정확한 연구 결과가 필요합니다.

고양이의 뇌는 이렇게 만들어져 있다

🐾 계절 번식을 하는 고양이

뇌간에 있는 시상하부는 종의 보존에 중요한 역할을 하고 있습니다. 자손을 남기는 번식 행동은 종을 존속시키는 데 반드시 필요하며 원시적인 본능 행동이기도 합니다.

발정 난 고양이의 독특한 울음소리를 들어본 적이 있을나요? "아웅~ 아웅~" 마치 아기가 우는 듯한 오싹하고 섬뜩한 울음소리죠. 고양이를 꺼려하는 사람에게 이유를 물어보면 이 울음소리가 제법 높은 순위를 차지하고 있을 정도로 강렬합니다. 그렇지만 일 년 내내 우는 것은 아니니 참아주세요. 고양이는 인간과 달리 계절 번식을 하는 동물이거든요.

일본의 하이쿠^{5·7·5의 3구(句) 17자(字)로 된 일본 특유의 단시}에서 '고양이의 사랑'은 봄의 계절어입니다. 이렇듯 고양이들의 발정기는 봄이라고 인식하는 경우가 많습니다만, 고양이의 발정기는 봄뿐만이 아닙니다. 그리고 발정 나는 것은 암고양이만입니다. 수고양이는 발정 난 암컷의 울음소리나 그 시기에 암고양이로부터 발산되는 페로몬의 영향을 받아 발정이 유발됩니다.

고양이의 발정은 낮의 길이로 결정됩니다. 하루의 일조 시간이 길어지면 시상하부와 접하고 있는 뇌하수체에서 이 변화를 자극으로 받아들입니다. 이로 인해 생식선 자극 호르몬이 분비되어 발정기를 맞이하게 됩니다. 해가 길어 따뜻한 시기에는 먹이가 풍부해 새끼를 키우기에 적합합니다. 때문에 계절을 선택해서 번식하게 된 것입니다. 종의 존속을 위한 지당한 전략이지요.

고양이의 발정기는 봄부터 여름까지가 절정이며, 중성화 수술을 하지 않았을 때 평균적인 발정 횟수는 일 년에 두세 번 정도입니다.

번식 행동에 대해서는 제3장에서도 자세하게 설명하겠지만, 고양이에게 가장 중요한 번식을 담당하고 있는 근간은 뇌간의 시상하부입니다. 계절 번식 행동을 보이지 않고, 가을과 겨울에도 발정하는 고양이의 경우 시상하부의 이상이 의심된다고 여러 학술서 등에 명기되어 있습니다. 이처럼 고양이 뇌에서 시상하부가 굉장히 중요한 역할을 합니다.

엉덩이를 높이 치켜드는 자세와 뇌간 망양체 부활계의 관계성

 계속해서 뇌간에 관한 이야기입니다. 시상하부를 연결하는 신경군에는 '뇌간 망양체'라는 것이 있습니다. 쉽게 말하면 신경의 다발이라고 할 수 있습니다. 신경섬유가 그야말로 그물망처럼 얽혀 있으며, 척수로 향하는 섬유와 시상視床, 후각 이외의 감각을 중계하는 회백질 덩어리으로 향하는 섬유 등이 있습니다(도표 4 참조).

 뇌간 망양체는 대뇌를 자극하고 활성화하는 역할을 합니다. 때문에 뇌간 망양체에 충격을 받으면 혼수상태에 빠집니다. 이 사실이 밝혀진 것도 고양이 뇌 연구 덕분입니다.

😺 [도표 4] 뇌간 망양체·중뇌의 위치

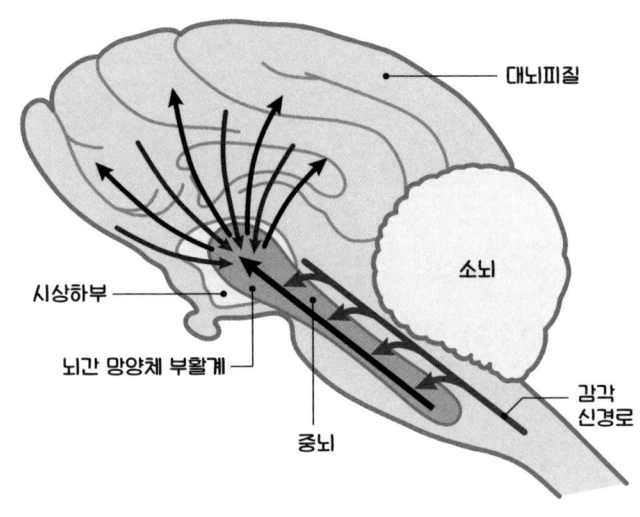

《일러스트로 보는 고양이학(イラストでみる猫学)》을 토대로 작성함.

앞에서도 말했지만, 옛날에는 사람 뇌에 관한 실험에 고양이 뇌가 이용되었습니다. 1949년 이탈리아의 신경 생리학자 주세페 모루치$^{Giuseppe\ Moruzzi}$와 미국의 신경 해부학자 호러스 마군$^{Horace\ W.\ Magoun}$은 실험을 통해 고양이 뇌의 뇌간 망양체가 의식의 각성을 담당하고 있다는 사실을 밝혀냈습니다. 즉 뇌간 망양체가 의식의 부활(활성화)이나 각성, 수면과 깊은 관계가 있다는 것이 고양이를 통해 먼저 증명된 것입니다.

🐾 고양이의 건강을 담당하는 신경계

대뇌를 활성화시킨다는 것은 어떤 의미일까요? 예를 들어 아침에 일어나 기지개를 쭉 켜고 나면 잠이 깨는 느낌이 들지 않나요? 오늘 하루를 힘차게 보낼 수 있을 것만 같은 기운이 생기죠.

고양이도 똑같습니다. 몸을 둥글게 말아서 자던 고양이가 앞발을 쭉 내밀고 엉덩이를 높이 치켜들며 등을 펴는 모습을 본 적이 있을 것입니다. 요가 동작 '고양이 자세'로도 유명한 바로 그 자세입니다. 이 자세를 취할 때 고양이의 뇌간 망양체가 기능합니다.

고양이의 기지개는 자는 동안 옴츠리고 있던 근육에 자극을 줘 당장이라도 몸을 움직일 수 있도록 '부활'시킵니다. 고양이는 원래 단독생활을 하는 동물이므로 무슨 일이 일어나면 재빠르게 움직일 수 있어야 합니다. 때문에 잠에서 깨면 근육이나 관절을 풀면서 바로 움직일 수 있도록 준비 운동을 하는 것입니다. 이처럼 뇌를 활성화시키는 기능은 고양이에게 상당히 중요합니다.

여담이지만, 고양이가 기지개를 켜는 이유에는 크게 네 가지가 있습니다. 첫 번째는 이미 설명했듯이 자고 일어나서 하는 '스트레칭'입니다.

두 번째는 '체온 상승을 막기 위해서'입니다. 고양이는 땀샘이 한정된 부위에만 있어 사람처럼 땀을 내서 체온을 내릴 수 없습니다. 그렇기 때문에 몸을 길게 펴줌으로써 방

열 면적을 넓혀 체온을 조절하는 것입니다.

세 번째는 '휴식'의 의미입니다. 사람과 마찬가지로 몸을 옴츠리지 않고 펴고 있을 때는 경계를 푼 상태입니다. 고양이는 특히 경계심이 강하므로 몸을 펴고 있다는 것은 안심하고 있다는 증거이기도 합니다.

네 번째는 '기분 전환'입니다. 고양이는 곧잘 자신의 기분을 달래는 행동을 취합니다. 이에 관해서는 제5장에서도 구체적으로 설명하겠지만, 고양이가 지금까지 살아남을 수 있었던 이유 중 하나는 자신의 기분을 달래서 언제나 침착함을 유지했기 때문입니다. 이 이유가 바로 가끔 '우리 집 고양이는 꼭 사람 같아'라고 생각하게 되는 원인이기도 합니다.

고양이의 수면과 중뇌의 연관성

고양이와 함께 살아본 사람이라면 분명 한 번쯤 '고양이는 참 많이 자는 동물이구나'라고 생각해 봤을 것입니다. 고양이에 대해서 잘 알지 못하더라도 고양이를 떠올리면 햇볕이 드는 툇마루에서 기분 좋게 자고 있는 모습이 가장 먼저 생각날 것입니다.

하지만 예전에는 고양이도 대형 고양잇과 동물(호랑이, 사자, 표범)과 마찬가지로 사냥이 아닌 일에 불필요하게 체력을 사용하지 않으려고 쉴 뿐이지 실제로는 그렇게 오래 자지 않는다고 생각했습니다. 그러나 고양이의 뇌파를 측정하고 조사해 본 결과, 하루에 무려 약 16시간이나 잠을 잔다는 사실이 드러났습니다.

😺 고양이는 렘수면 시간이 길다

고양이에게도 사람과 똑같이 렘수면과 비^非렘수면이 있으며, 자는 동안 이것이 반복됩니다. 렘수면 중에는 얕은 잠을 자며, 뇌의 일부가 활동하고 있습니다. 꿈을 꾸는 것도 렘수면 중일 때입니다. 한편 깊은 잠을 비렘수면이라고 하며, 이때는 뇌도 휴식 상태에 있습니다.

렘^{REM}은 'Rapid Eye Movement'의 약자로, 급속 안구 운동을 뜻합니다. 이름에서 알 수 있듯 렘수면 시에는 안구가 움직이고 있습니다. 이 안구 운동을 담당하고 있는 것은 바로 중뇌입니다. 중뇌는 앞에서 설명한 뇌간 망양체가 있는 영역입니다(도표 4 참조). 거듭 말하지만 '파충류의 뇌'라고 불리는 뇌간 안에 위치합니다. 중뇌는 안구 운동을 비롯해 무의식적으로 이루어지는 자세 조절에도 관여하고 있습니다.

렘수면과 비렘수면 이야기로 돌아갑시다. 사람뿐만 아니라 고양이도 수면 중에 얕은 잠인 렘수면과 깊은 잠인 비렘수면을 반복합니다. 렘수면과 비렘수면의 주기를 '수면 단위'라고 하며, 고양이의 경우 약 50~113분 정도입니다. 참고로 사람은 약 90분이라고 합니다. 고양이는 경계심이 강하기 때문에 렘수면 시간이 더 깁니다. 하룻밤에 발생하는 렘수면 비율을 비교해 보면 사람의 경우 약 20퍼센트인 데 비해 고양이는 약 75퍼센트나 된다는 조사 결과도 있습니다.

고양이와 함께 살고 있는 사람이라면 잘 자던 고양이가 움찔하며 다리를 떨거나 수염을 파르르 움직이는 모습을 본 적이 있을 것입니다. 그 모습이 바로 고양이가 렘수면 중이라는 증거입니다. 고양이의 수염을 움직이는 신경과 눈꺼풀을 움직이는 신경이 연동되어 있기 때문에 안구 운동을 하는 렘수면 중에 수염이 움직이기도 합니다. 자면서 움찔하거나 얼굴을 씰룩거리는 고양이를 보면서 '중뇌가 작동해서 즐거운 꿈을 꾸고 있나 보다'하고 상상하는 것도 재미있답니다.

참고로 비렘수면 중에는 몸을 동그랗게 말아서 자는 경우가 많다고 합니다. 그러니 '냥모나이트' 자세로 숙면 중인 고양이는 깨우지 말고 가만히 내버려 둡시다.

렘수면 시에는 대뇌변연계에 속하는 편도체나 해마가 정보 정리나 기억 정착을 촉진시킵니다. 이는 생쥐 실험을 통해 발견되어 알려진 사실입니다. 뇌 과학자들 역시 뇌는 수면 중에 활발히 활동한다고 설명합니다. 고양이의 뇌도 마찬가지입니다. 그러니 고양이가 자고 있을 때는 방해하지 맙시다. '내가 당했을 때 싫은 행동은 고양이에게도 하지 않는다.' 기본 중의 기본이죠.

"고양이는 날이 흐리면 특히 더 잘 잔다"라는 말을 들어본 적 있나요? 실제로 그렇습니다. 고양이는 소동물을 사냥감으로 삼으며 살아왔습니다. 비가 내리면 사냥감인 소동물들이 숨기 때문에 불필요한 에너지 소비를 최소화하고 체온을 유지하기 위해서 휴식을 취합니다. 이런 야생의 습관이 남아 있어서 지금도 비가 내리는 날에는 종일 잠을 자는 모양입니다.

제1장에서는 고양이 뇌의 3층 구조와 뇌가 고양이의 행동에 어떤 영향을 끼치는지 알아보았습니다. 이것을 토대로 다음 장에서는 뇌와 직결된 감각 기관에 대해서 자세하게 알아보겠습니다.

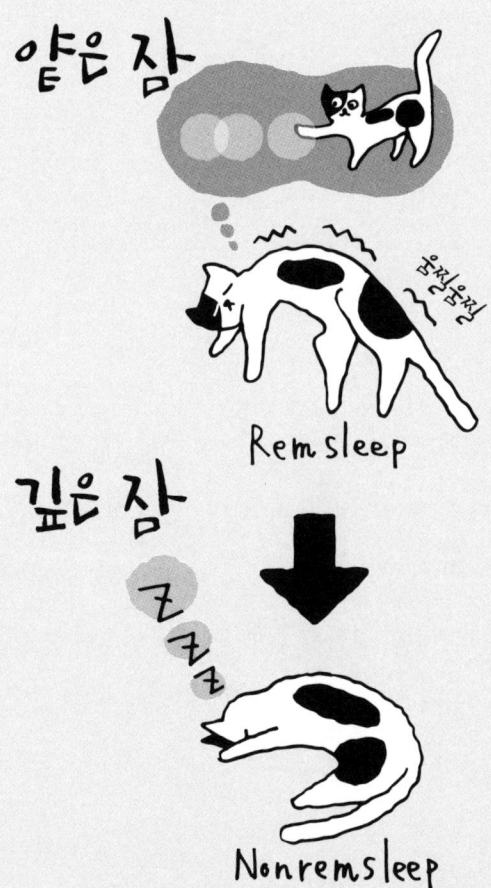

고양이는 패닉에
빠지기 쉽다

고양이가 갑자기 패닉에 빠지는 모습을 본 적이 있을 것입니다. 날뛰며 난리를 피우거나, 배변 실수를 하거나, 가까이에 있는 주인을 공격하는 등 놀라운 행동을 할 때가 있습니다. 직접적인 원인은 고양이에게 물어보지 않고서는 알 수 없지만, 어떠한 사건이 일어나 극도의 불안이나 공포를 느낀 것이 분명합니다.

공황장애라는 병이 있습니다. 최근 환자가 늘고 있어 현대병의 일종으로 보기도 합니다. 갑자기 심장이 두근거리거나, 과호흡, 발작 등이 일어나며 이대로 죽을지도 모른다는 불안에 휩싸이는 병입니다. 신경 전달 물질인 세로토닌과 노르아드레날린이 공황장애와 연관되어 있는 것으로 미루어 보아 뇌 속 호르몬 균형이 흐트러지는 것이 고양이가 패닉에 빠지는 원인이라고 추측해 볼 수 있습니다.

물론 고양이가 패닉에 빠졌을 때와 사람이 패닉에 빠졌을 때 일어나는 일은 다르겠지만, 고양이의 뇌 속에서 불안이나 공포를 담당하는 편도체가 강하게 반응하고 있는 것은 확실합니다. 제1장에서도 설명했듯, 편도체가 지나치게 작동하면 뇌 속 신경 전달 물질인 세로토닌이 부족해지기 때문입니다.

고양이는 패닉에 빠지기 쉬운 동물입니다. 신중하고, 경계심이 강하며 사소한 변화에도 곧잘 놀라는 성격 탓이죠. 고양이가 패닉에 빠지는 이유는 다양합니다. 몸에 끈이 얽혔다거나, 갑자기 물건이 떨어졌다거나, 혹은 비닐봉지 손잡이에 발이 걸려버린 경우 등. 전부 예상치 못하게 무서운 일이 일어났을 때입니다. 특히 평소에도 겁이 많고 잘 숨는 소심한 고양이, 삶에 대한 경험이 적은 어린 고양이, 자극에 익숙하지 않은 집고양이가 패닉에 빠지기 쉽다고 합니다.

패닉에 빠진 고양이는 귀신 고양이라고 해도 좋을 정도로 손을 댈 수 없는 상태가 됩니다. 어떻게든 달래보려고 다가가는 사람도 있겠지만 아뇨, 이때는 꾹 참아야 합니다. 패닉에 빠진 고양이의 오감은 한층 더 예민해져 있어서 시각, 청각, 후각을 구사해 패닉 상황을 '아주 싫은 체험'으로 기억합니다. 그때 주인이 다가오면 주인까지 '싫은 것'으로 인식할 위험이 있습니다. 또한 겁에 질린 나머지 공격할지도 모릅니다.

그러니 고양이가 패닉에 빠졌을 때는 냉정하게 멀리 떨어져 지켜보는 것이 안전합니다. 만약 고양이의 몸에 끈이 얽혀 있다거나 위험한 상태라면 수건이나 담요로 머리를 덮어 시야를 차단한 뒤, 얽혀 있는 것을 제거해 주세요. 눈을 가려주면 고양이 스스로 안정을 찾는 데 도움이 됩니다.

패닉과 연관 지어서 기억해 주었으면 하는 고양이의 공격 행동이 하나 있습니다. 바로 '레이지 신드롬rage syndrome' 입니다.

　　개의 사례가 더 많지만, 고양이에게도 발병한다는 사실이 최근에 알려졌습니다. '돌발성 격노 증후군'이라고도 불리며, 고양이가 어떠한 예고도 없이 사람이나 동거 동물 등에게 과격한 공격을 가하는 것을 말합니다. 아직 불분명하지만 뇌 신경계 이상을 원인으로 보고 있습니다.

　　또한 이 레이지 신드롬은 간질 발작으로 이어질 가능성도 있습니다. 간질이란 뇌 속의 신경세포가 전기적 쇼크를 일으켜 발작이 일어나는 병으로, 고양이 100마리 중 1마리 꼴로 발견되는 만성 뇌 질환입니다. 간질 발작 증상이 상당히 격하기 때문에 처음에는 겁이 나겠지만 꾸준히 약을 투약해 상태를 완화할 수 있습니다. 간질 약을 먹으면서 스물세 살까지 산 고양이도 있답니다.

패닉, 레이지 신드롬, 간질. 이야기만 들으면 무시무시한 일같지만, 해결 방법만 알면 그렇게 무서워하지 않아도 되니 꼭 기억해 두세요.

패닉에 빠진 고양이는……

제2장

고양이의 감각은
이렇게 이루어져 있다

시각
어두운 곳에서도 잘 볼 수 있는 이유는?

고양이 뇌의 관점에서 오감을 생각해 봅시다. 먼저 시각부터 설명하겠습니다.

눈(시각 기관)은 뇌의 일부입니다. 생물의 다섯 가지 감각 기관(시각, 청각, 후각, 미각, 촉각) 중에서 가장 먼저 갖춰진 것은 빛을 느끼는 시각 기관입니다.

등뼈가 없는 무척추동물과 등뼈가 몸의 중심에 있는 척추동물의 시각 기관 구조는 크게 다릅니다. 무척추동물은 표피로 빛을 느낄 수 있기 때문에 지렁이처럼 눈이 없어도 어두운 곳으로 도망칠 수 있습니다. 한편 포유류와 같은 척

척동물의 눈은 중추신경계인 뇌의 일부에서 발달되었으므로 뇌의 확장이라고 할 수 있습니다. 여기서 시각의 메커니즘을 간단하게 복습해 봅시다.

안구의 망막에 빛이 닿으면 세포에 흥분이 일어나고, 이는 신경을 통해 대뇌의 시각 중추에 전달됩니다. 즉 고양이는 제1장에서 설명한 뇌에 의해 빛의 방향이나 물건의 색깔 등을 인지할 수 있습니다.

고양이는 어두운 곳에서도 밝은 장소와 다름없이 행동할 수 있습니다. 그 이유는 간상세포에 있습니다. 망막에는 빛의 명암을 인식하는 간상세포가 있는데, 고양이의 간상세포는 인간에 비해 발달되어 있습니다. 그 덕에 어두운 곳에서도 사물을 볼 수 있는 능력이 뛰어납니다.

수의사 마이클 폭스Michael Fox 박사는 고양이의 간상세포에 대한 재미있는 실험을 했습니다. 실험의 내용은 어두운 곳에 사료를 숨겨 놓고, 사람과 고양이가 각각 이 사료를 찾게 하는 것이었습니다. 그 결과, 고양이는 사람이 목표물을 찾는 데 필요로 한 밝기의 6분의 1만 쓰고도 목표물을 찾아내는 데 성공했다고 합니다. 이때 고양이가 사용한 밝기 정도는 손으로 눈을 가려도 가렸는지 가리지 않았는지 구분할 수 없을 정도로 어두웠다고 합니다. 이 실험을 통해서 고양이는 사람보다 6배나 밝은 세상에 살고 있다는 놀라운 사실이 입증되었습니다.

고양이 눈에는 반사판이 있다

고양이가 어두운 곳에서도 사물을 잘 볼 수 있는 이유는 간상세포뿐이 아닙니다.

첫 번째는 고양이의 얼굴 중에서 가장 인상적인 검고 큰 눈동자입니다. 고양이와 사람의 안구 크기를 비교하면 고양이가 약간 더 작지만, 고양이의 동공(검은자위 부분)이 최대로 커졌을 때 그 면적은 인간의 3배나 됩니다.

고양이의 동공은 밝기에 따라 크게 변하며, 밝은 곳에서는 선처럼 가늘었던 동공이 어두운 곳에서는 동그랗고 크게 변합니다. 이는 많은 빛을 받아들이기 위해서입니다. 고양이는 어두운 곳에서 동공을 크게 만듦으로써 사람이 받는 양의 3배 이상 되는 광량을 감지하고 뇌에 전달할 수 있습니다.

두 번째는 고양이 눈의 조직 중 최대 특징이라고 할 수 있는 '타페텀'의 존재입니다(도표 5 참조). 사람에게는 타페텀이 없습니다. 해부학에서는 'tapetum'이라고 불리며, '반사판(맥락벽판)'이라고 번역되기도 합니다. 타페텀은 망막의 뒤에 위치하며 말 그대로 반사판과 같은 조직입니다. 빛을 잘 반사하는 아연과 단백질 성분을 포함하고 있으며, 10~20장 가량의 층으로 이루어져 있습니다.

고양이의 눈에 빛이 들어오면 망막의 간상세포에 부딪쳐 관통하고, 흡수되지 않은 빛은 망막 뒤에 위치한 타페텀에 부딪쳐서 반사됩니다. 그리고 이렇게 반사된 빛에 간상세포가 다시 자극을 받아 시신경을 통해 실제보다 밝은 상이 뇌에 전달되는 구조입니다.

😺 [도표 5] 고양이의 눈 구조

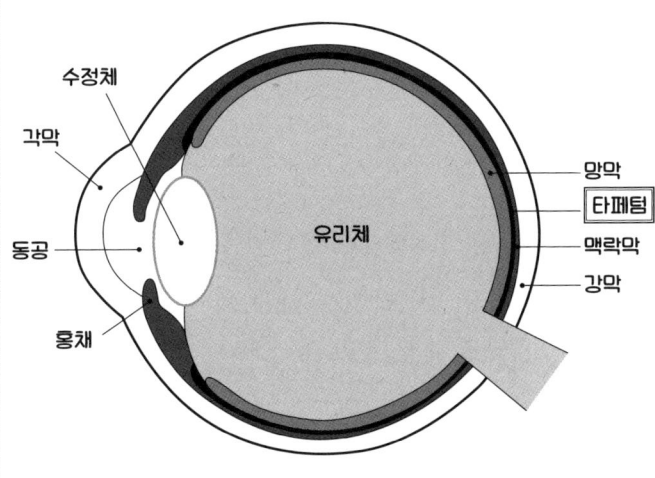

※ 망막 뒤에 **타페텀**이 있다.

고양이는 타페텀 덕분에 안구가 받는 광량을 대략 50퍼센트나 증대시킬 수 있습니다. 게다가 타페텀에는 눈을 빛내는 기능도 있습니다. 밤에 고양이의 눈에서 빛이 번쩍이는 것도 바로 이 때문입니다. 고양이를 좋아하는 사람은 '신비하다'고 느끼고, 고양이를 싫어하는 사람은 '섬뜩하다'고 느끼는 그 빛의 정체는 타페텀에서 반사된 것이었습니다.

아무리 야행성 동물이라 해도 아예 빛이 없는 어두컴컴한 암흑 속에서는 사물을 볼 수 없는데 고양이는 아주 적은 빛만 있어도 평소처럼 행동할 수 있습니다. 어두운 곳에서 시야를 확보하기 위해 사용하는 암시장치暗視裝置, 어둠이나 안개 따위로 눈에 잘 보이지 않는 사물을 보기 위해 만든 적외선 투시 장치라는 것이 있는데, 비유하자면 고양이는 이 암시장치가 눈에 달려 있다고 할 수 있습니다. 어쩌면 우리가 상상하는 것보다 더 고감도의 암시장치일지도 모릅니다.

😺 운동선수를 뛰어 넘는 동체시력

고양이는 어두운 곳에서 목표물을 잘 찾아내는 능력 외에도 움직이는 물체를 보는 능력, 즉 동체시력 역시 뛰어납니다. 눈에 들어가는 빛의 양을 순시에 조절할 수 있기 때문에 움직이는 사물에 놀라울 정도로 신속한 반응을 보일 수 있는 것입니다.

테니스나 야구, 탁구 등 빠른 공을 눈으로 쫓는 운동선수들의 동체시력이 뛰어나다는 사실은 잘 알려져 있죠. 하지만 고양이의 동체시력은 세계 톱 선수도 훌쩍 뛰어넘습니다. 무려 인류의 약 10배나 됩니다. 이 경이로운 동체시력은 주요 사냥감인 소동물을 잡기 위해서 발달되었다고 추측해 볼 수 있습니다. 고양이는 50미터 이상 떨어진 사냥감의 움직임도 알 수 있다는 설도 있습니다. 그 정도로 놀라운 능력입니다.

고양이는 움직이는 사물은 잘 보지만, 정지된 사물

고양이의 감각은 이렇게 이루어져 있다

은 잘 보지 못합니다. 고양이의 시력을 수치로 나타내자면 0.04~0.3 정도로, 사람으로 따지면 고도근시에 속합니다. 곡률이 크고 둥근 안구는 빛을 모으는 데는 효과적일지라도 초점을 맞추기 어렵기 때문에 가까운 사물은 흐릿하게 보입니다.

가까운 사물을 볼 때 초점이 맞지 않는다는 것은 사람으로 친다면 노안과 비슷합니다. 시험 삼아 고양이의 눈앞에 사료를 놓아 봅시다. 아마 고양이는 한 번에 찾지 못할 것입니다. 이처럼 움직이지 않고, 아주 가까이 있는 사물은 보지 못합니다. 그래서 무엇인지 확인하려고 앞발로 툭툭 건드리는 것입니다.

참고로 쥐도 동체시력은 뛰어나지만 가까이에 멈춰 있는 사물은 잘 보지 못한다고 합니다. 쥐는 움직이는 고양이의 존재를 순식간에 알아채도 그들이 움직임을 멈추면 눈에 보이지 않아 방심하다가 순식간에 사냥당하고 맙니다. 움직임을 멈추어 사냥감을 잡는 방식은 이러한 약점을 노린 것입니다. 과연 샤낭의 달인답죠?

움직이는 사물에는 예민하게 반응한다

- -

가까이 있는 사물에는 둔하다

또 한 가지, 고양이 시각의 특징 중 매우 아쉬운 점이 있습니다. 어디까지나 사람 입장에서 느낀 아쉬움이지만요. 바로 색깔을 잘 식별하지 못한다는 점입니다.

이유는 바야흐로 공룡이 살던 중생대로 거슬러 올라갑니다. 공룡과 포유류는 거의 비슷한 시기에 탄생해 활동했지만, 포유류는 공룡에게 압도당해 살 곳마저 빼앗기고 있었습니다. 포유류는 공룡이 활동하는 낮 동안 지하에 숨어 있어야 했고, 이러한 환경에 적응하며 점점 야행성에 가까워졌습니다.

원래 포유류는 4색형 색각^{빨간색, 초록색, 파란색, 자외선 빛에 반응하는 단백질 분자가 있는 것}을 갖추고 있었습니다. 하지만 밤에 활동하기 위해 빛을 느끼는 간상세포가 발달했고, 반대로 빨간색, 초록색을 구별하고 자외선을 느끼는 원추세포는 퇴화됐습니다. 이 과정을 거쳐 적록색과 파란색만을 인지할 수 있는 2색형 색각이 되었다고 합니다.

이렇듯 포유류는 공룡과 공존하기 위해 야간에 필요한 빛을 택한 대신 상대적으로 불필요한 빨간색과 초록색, 자외선 구분 능력을 포기해야만 했습니다. 일반적으로 생물의 신체에서는 어떠한 능력이 진화하면 다른 능력을 상실되는 트레이드오프trade off, 어떤 것을 얻으려면 반드시 다른 무엇을 희생해야 하는 관계가 일어납니다. 고양이는 암흑 속에서 사물을 잘 구분하는 능력을 얻은 대신에 시력이나 색각을 잃은 것으로 추정됩니다.

트레이드오프는 우리 현대인들에게 필요한 개념이기도 합니다. 무언가를 얻으면 무언가를 잃기 마련입니다. 지극히 당연한 것을 잊고 탐욕스러워지면 뭐든 망치기 마련이죠. 이런, 이야기가 조금 샜네요.

이윽고 진화 과정을 통해 인간을 포함한 주행성 영장류는 3색형 색각을 얻게 됩니다. 빨간색과 초록색을 민감하게 구분할 수 있게끔 발전한 것입니다. 푸른 잎 사이에서 잘 익은 붉은 과실을 구분하는 것이 중요해진 거죠. 하지만 아직까지도 고양이를 비롯한 대부분의 포유류는 2색형 색각을 가지고 있습니다.

🐾 고양이에게 보이는 빛

고양이가 어떤 색을 볼 수 있는지에 대해 여러 설이 있는데, 노란색이나 파란색, 그리고 그 중간색인 연두색은 비교적 잘 보이는 모양입니다. 그 외의 색은 흑백으로 탁하게 보이지 않을까 추측하고 있습니다만, 사실 여부는 고양이에게 물어보지 않는 이상 알 수 없지요.

고양이가 비록 색은 잘 식별하지 못하지만, 자외선은 볼 수 있다는 사실이 최근 밝혀졌습니다. 4색형 색각을 가진 조류 등이 자외선을 볼 수 있다는 사실은 예전부터 알려져 있었습니다. 하지만 최근 영국의 한 생물학자가 연구를 통해 고양이나 개의 수정체^{안구의 동공 바로 뒤에 붙어 있는 볼록 렌즈 모양의 탄력성 있는 투명체}에 자외선이 통과한다는 사실을 밝혀냈습니다. 고양이의 경우, 사냥감인 쥐의 오줌이 자외선에 반사되니 그 빛을 색으로 인식해 사냥에 응용하는 것이 아닐까요? 그리고 이때 보이는 색은 먼 옛날에 퇴화되어 더 이상 볼 수 없다고 알려진 빨간색일지도 모릅니다.

    이따금 고양이가 하늘을 올려다보는 모습을 보곤 합니다. 그런 행동 때문에 예로부터 고양이는 죽은 영혼이나 귀신을 볼 수 있다는 이야기가 있는데, 어쩌면 단순히 자외선에 반응하고 있던 것일지도 모르겠습니다.

청각
초음파를 감지하다

고양이와 사람의 귀는 위치도 형태도 상당히 다릅니다. 하지만 구조는 외이, 중이, 내이로 나뉘는 것을 포함해 기본적으로 큰 차이는 없습니다(도표 6 참조).

청각은 대뇌피질의 측두엽에 있는 청각 영역이 담당하고 있습니다. 이를 이용한 흥미로운 실험이 하나 있습니다. 《동물의 행동動物の行動》에 기술된 내용으로, 메트로놈metronome과 쥐를 이용해 고양이의 뇌파를 조사하는 실험입니다.

먼저 고양이 근처에서 메트로놈을 작동시킵니다. 째깍째깍. 메트로놈 소리를 들은 고양이의 신경중추가 자극을

☺ [도표 6] 고양이의 귀 구조

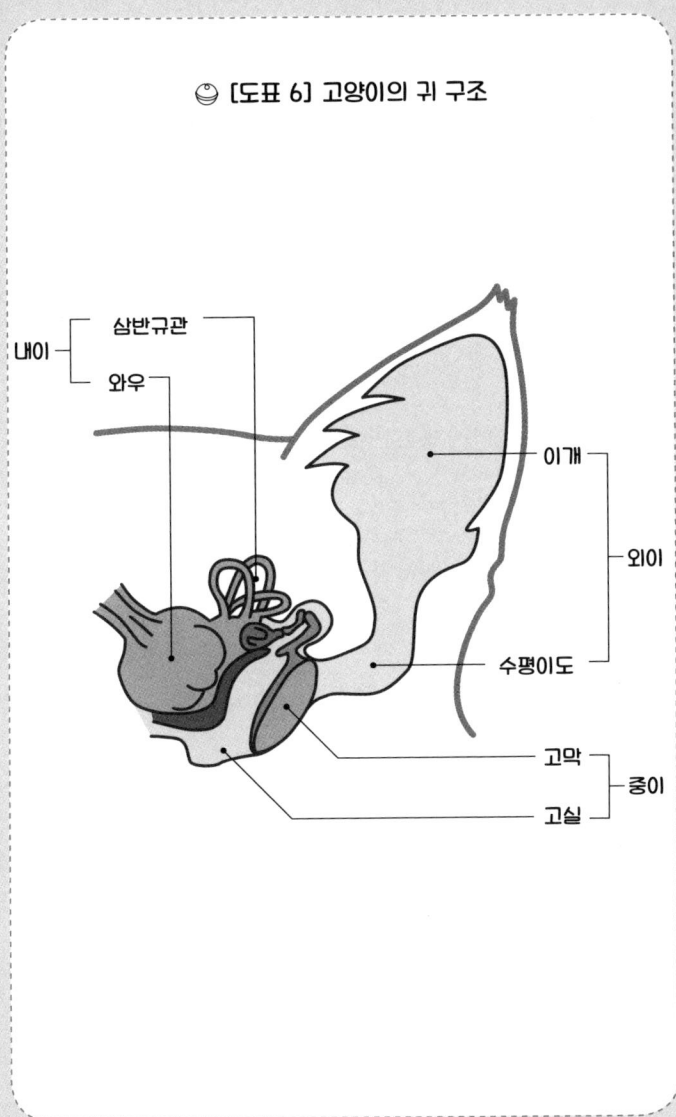

고양이의 감각은 이렇게 이루어져 있다

받아 기록지에 활동 전위 ^{세포나 조직이 자극을 받았을 때 발생하는 전위} 물결이 분명하게 새겨집니다. 이로부터 고양이가 메트로놈의 소리를 정확히 듣고 있다는 사실을 알 수 있습니다.

다음 단계로 넘어가 고양이 앞에 쥐를 풀어놓습니다. 그러자 순식간에 활동 전위 물결이 사라집니다. 쥐를 쫓는 데 집중한 나머지 주변 소리를 듣지 못하게 된 것입니다. 사냥감인 쥐는 고양이의 흥미를 독차지했습니다. 한편 고양이는 더 이상 메트로놈의 소리에 흥미를 보이지 않습니다. 시각적인 자극을 우선시하고, 청각적인 자극은 일단 멈춘 것입니다.

이와 같이 무언가에 집중한 나머지 주변의 소리가 귀에 들리지 않게 되는 현상을 신경생리학에서는 '관문 작용'이라고 부릅니다. 고양이는 청각이 예민한 동물이기 때문에 뇌가 혼란스럽지 않도록 신경계에 들어오는 시각적, 청각적, 후각적인 자극 중 그때의 욕구에 가장 도움이 되는 것을 선택합니다.

이 상황의 대상을 인간으로 바꿔서 대입해 봅시다. 스

마트폰 화면을 열심히 들여다보고 있는 사람에게 말을 걸면 너무 집중한 나머지 대답이 돌아오지 않을 때가 있습니다. 이런 일이 고양이의 뇌 안에서도 똑같이 일어납니다.

　고양이의 청력은 '소머즈'라고 해도 좋을 정도로 뛰어납니다. 야생에서 어둠 속 사냥감이나 적을 찾을 때는 소리가 중요한 정보원이었으므로 청각을 발달시키는 방향으로 진화한 것이 아닐까 추측하고 있습니다.
　고양이와 사는 사람이라면 귀가 중인 가족들의 발소리를 알아듣고 마중을 나가거나, 창밖을 날아다니는 벌레의 날갯짓에 반응하는 고양이 때문에 놀란 경험이 있을 것입니다. 또 청소기나 드라이어 소리를 유독 무서워하는 고양이도 많습니다. 고양이에게 그런 소리는 상상 이상의 굉음이기 때문입니다.

　뛰어난 청각의 비밀은 경이로운 '가청역'에 있습니다. 고양이는 무려 초음파(2만 헤르츠 이상)까지 들을 수 있습니다다.

사람은 쥐의 울음소리를 들을 수 있지만, 정확히 다 듣고 있는 것은 아닙니다. 우리가 실제로 인식하는 것은 쥐가 내는 울음소리 중 저음인 일부분뿐입니다. 소동물이나 벌레가 내는 울음소리는 초음파인 경우가 많고, 인간은 대부분 이 소리를 알아듣지 못합니다. 이러한 초음파는 두골^{頭骨, 척추동물의 머리를 이루는 뼈를 통틀어 이르는 말}을 지나 뇌에 흡수되는 식으로 감지됩니다. 고양이에게는 다른 생물이 발하는 초음파를 알아채는 것쯤이야 식은 죽 먹기입니다.

인간, 고양이, 개가 들을 수 있는 최대 주파수를 구체적인 숫자로 표현해 봅시다. 인간의 가청 범위가 2만 3,000헤르츠인 것에 비해 고양이는 6만 4,000헤르츠, 개는 6만 헤르츠입니다. 즉 고양이는 사람보다 약 3배 더 높은 음역까지 들을 수 있습니다. 청력이 뛰어나기로 유명한 개와 비슷한 수준을 웃돈다는 점도 흥미로운 부분입니다. 참고로 고양이 귀의 선단에는 '방모'라고 불리는 1~5밀리미터 정도의 짧은 털이 자라 있습니다. 얼핏 장식처럼 보이지만 실은 이 털이 초음파를 모으는 역할을 합니다.

또한 어떤 시기에 한해서 고양이의 가청역이 더 넓어지기도 합니다. 태어난 지 얼마 안 된 새끼 고양이 시기와 어미 고양이가 수유를 하는 시기입니다.

생후 3주 된 새끼 고양이의 가청 범위는 성묘의 2배에 가까운 10만 헤르츠입니다. 그리고 출산 후부터 수유기까지 어미 고양이의 가청 범위는 8만 헤르츠로 알려져 있습니다. 8만 헤르츠라는 수치는 새끼 고양이의 인두^{咽頭, 식도와 후두에 붙어 있는 깔때기 모양의 부분}로부터 발생되는 주파수로, 새끼와 어미가 서로의 의사를 잘 전하기 위해서 가청역이 넓어지는 것입니다. 이윽고 새끼 고양이가 어미 품을 떠나 독립하고, 어미 고양이의 수유기가 지나면 가청 범위는 본래의 6만 4,000 헤르츠로 돌아갑니다.

🐾 큰 귀는 파라볼라 안테나

뛰어난 가청역 이외에도 고양이가 소머즈라고 불리는 이유는 더 있습니다. 바로 음원 탐지 능력이 뛰어나다는 점입니다. 스코티시폴드를 포함한 일부 종을 제외하고 일반적으로 고양이의 귀는 쫑긋 서 있습니다. 그 귀를 움직여 순식간에 음원까지의 거리를 파악하고 위치를 찾아내는 것이 고양이의 특기입니다.

고양이가 이개(耳介. 겉귀의 드러난 가장자리 부분)를 자유자재로 움직일 수 있는 이유는 이개와 연결되어 있는 약 서른 가지의 근육 덕분입니다. 고양이의 귀에는 인간의 약 5배나 되는 귀 근육이 있다고 합니다. 그 근육을 사용해 이개를 270도 회전시킬 수 있습니다.

고양이를 잘 관찰해 보면 알 수 있는 사실이지만, 뒤쪽에서 신경 쓰이는 소리가 들릴 때 고양이는 고개를 돌려 대상을 바라보는 대신 우선 두 귀를 뒤로 젖힙니다. 오른쪽 방향에서 소리가 들리면 오른쪽 귀만 접습니다. 또한 큰소리가 들리면 귓구멍을 막으려는 듯이 귀를 접기도 합니다. 이처럼 고양이들이 이개를 매우 자유자재로 움직이고 있다는 사실을 알 수 있습니다.

말하자면 고양이의 이개는 파라볼라 안테나^{parabola antenna, 전파의 반사면에 포물면을 사용한 지향성 안테나. 전파를 일정 방향으로 집중 송수신할 수 있으며 마이크로파 중계, 위성 방송의 수신 등에 쓰임} 같은 역할을 하고 있어서 언제 어디서나 효율적으로 소리를 모을 수 있습니다.

또한 고양이의 귀는 청신경^{聽神經, 내이로부터 청각을 뇌에 전하는 감각신경}이 많다는 특징이 있습니다. 사람의 청신경이 약 3만 개인 데 비해 고양이는 약 4만 개나 있습니다. 고양이는 소리를 모으는 이개에 청신경이 많아 천장에 숨어 있는 쥐의 발소리나 울음소리를 듣고 정확한 위치를 알아낼 수 있습니다.

이상, 고양이는 광역 소리를 알아듣는 능력과 음원을 탐지하는 능력이 뛰어나다는 점을 설명했습니다. 만약 사람에게 고양이만큼의 청각이 주어진다면 괴로워 견딜 수 없을지도 모릅니다.

마지막으로 고양이 청각의 특징에서 빼놓을 수 없는 것이 귓속에 있는 삼반규관^{三半規管, 척추동물의 속귀에 있는 반원 모양의 관}이라는 기관입니다.

동물이 소리를 듣는 과정은 이개에서 모인 소리가 고막을 진동시켜 이소골^{耳小骨, 가운데귀의 속에 있는 세 개의 작은 뼈로 망치뼈, 모루뼈, 등자뼈를 말함, 고막의 진동을 속귀에 전달하는 역할을 함}에 전해지고, 이것이 삼반규관을 통해 청신경에 보내지는 구조로 이루어져 있습니다. 삼반규관은 평형 감각 또한 담당하고 있으며 머리가 회전할 때 방향과 속도를 감지하는 역할을 합니다.

고양이의 경우 이 삼반규관이 매우 발달되어 있기 때문에 때로는 놀라운 광경을 보여주곤 합니다. 예를 들면 25미터 높이에서 낙하하고도 다치지 않았다는 일화도 있습니다. 이 고양이가 다치지 않은 이유는 공중에서 몸을 비틀어 머리를 원래 위치로 되돌리고 네 발로 땅에 착지할 수 있었기 때문입니다. 사람이었다면 아무리 능숙한 스턴트맨이라 할지라도 절대로 불가능한 일이겠지만 삼반규관이 발달된 고양이는 공중에서 이런 퍼포먼스를 할 수 있습니다. (※절대 따라하지 마세요!)

덧붙여 삼반규관이 약한 사람일수록 멀미를 심하게 한다고 알려져 있습니다. 때문에 멀미를 하는 개도 많습니다. 하지만 고양이가 멀미를 한다는 이야기는 별로 들어본 적이 없습니다. 그러니 고양이의 삼반규관이 개보다 발달되어 있다고 생각해도 좋을 것 같습니다.

후각
인간보다 20만~30만 배는 뛰어난 후각

'냄새를 잘 맡는 동물'이라고 하면 가장 먼저 개가 떠오릅니다. 경찰견이나 마약탐지견 등 뛰어난 후각을 살려서 일하는 개들이 있으니 그렇겠지요. 그러나 개보다 후각이 훨씬 뛰어난 동물이 있습니다. 바로 곰입니다. 곰의 후각은 약 2킬로미터 떨어진 사냥감의 냄새도 구분할 정도라고 알려져 있습니다.

그렇다면 고양이는 어떨까요? 이들은 약 500미터 떨어진 곳에 있는 사냥감의 냄새를 희미하게 인식하는 정도입니다. 고양이는 후각이 뛰어난 동물이라는 이미지를 갖고 있는 것도 아니고, 개나 곰만큼 대단한 후각의 소유자도 아니지만 인간에 비하면 꽤 괜찮은 편입니다.

시각 파트에서 설명했지만, 고양이는 가까이에 정지해 있는 사물을 보는 능력이 떨어집니다. 이는 사냥을 하는 데 불리하죠. 때문에 그 능력을 보충하기 위해서 후각이 발달한 것입니다. 육식동물인 고양이는 특히 사냥감의 냄새나 부패물의 쉰 냄새에 민감하게 반응합니다.

동물이 냄새를 느끼는 메커니즘에 대해서 대략적으로 설명해 보겠습니다.

먼저 공기에 섞여 있는 냄새 분자가 콧구멍을 통해 들어가면 비강 천장에 있는 후각상피의 후세포에 전달되어 점막에 녹아듭니다. 이때 냄새 분자의 정보가 전기 신호로 변환되고, 그 신호는 후구를 지나 일부는 대뇌피질의 후각 영역으로, 일부는 대뇌변연계로 보내집니다(도표 7 참조).

어떤 냄새를 맡으면 그와 관련된 기억이 되살아나곤 합니다. 예를 들어 비 내리는 날 젖은 풀 냄새를 맡으면 어

😊 [도표 7] 고양이의 후각계 구조

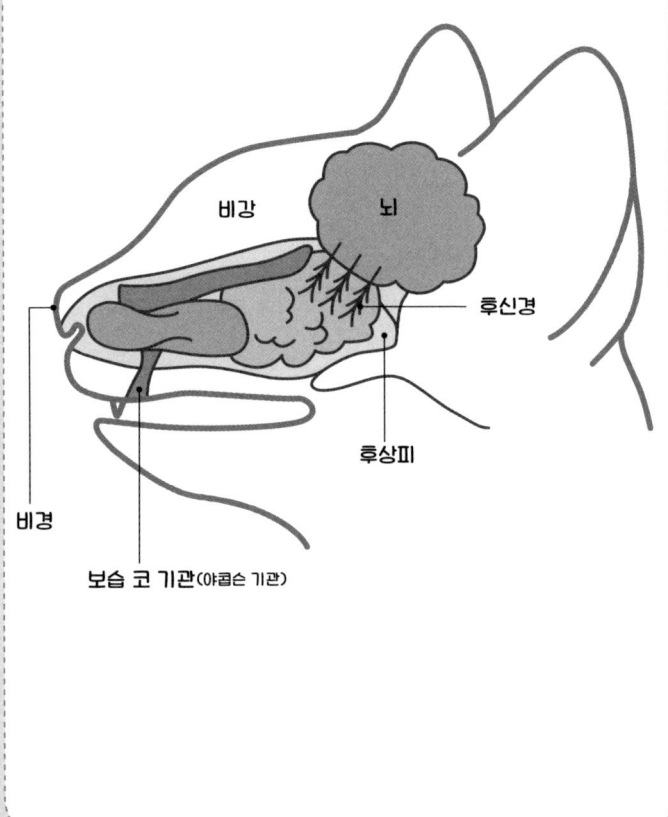

린 시절 시골에서 본 풍경이 떠오르는 것처럼 말입니다. 아마 누구에게나 그런 경험이 있을 것입니다.

이는 후각과 뇌의 관계에 의한 것입니다. 후세포는 대뇌변연계 중 기억과 관계가 깊은 해마와 편도체에 접해 있습니다. 그렇기 때문에 후각은 기억을 불러일으키는 계기가 되기 쉽습니다. 의외로 시각과 청각보다 후각이 더 기억과 밀접한 관계입니다.

후세포에는 단백질로 된 약 1,000종류의 '냄새 수용체'가 있으며, 이에 각각 약 1,000개의 유전자가 대응하고 있습니다. 이들 유전자에 의해 특정 냄새가 판별되고 후각 영역에 신호가 보내집니다. 이런 작용 덕분에 인간은 1만 가지 냄새를 구분해 기억할 수 있다고 합니다. 또한 최근 연구에 따르면 인간은 1조 가지 정도의 '혼합 냄새'를 식별할 수 있을지도 모른다고 합니다. 하지만 여기서는 종래의 1만 종류에 그치는 것으로 생각합시다.

그렇다면 고양이는 냄새를 얼마나 잘 맡는 걸까요? 사

고양이의 감각은 이렇게 이루어져 있다

람과 비교해 수치로 표현해 봅시다.

냄새 맡는 정도를 비교할 때 후각상피의 면적에 대해 알아두면 더욱 이해하기 쉽습니다. 후각상피에는 냄새를 느끼는 세포가 나란히 있으며, 간단히 말하자면 후각상피의 면적이 넓을수록 후세포의 수가 많고 후각이 뛰어납니다.

인간의 후각상피 면적이 우표 크기인 약 4제곱센티미터라면, 고양이의 후각상피 면적은 카드 크기인 약 40제곱센티미터입니다. '개코'라는 말의 주인공인 개의 후각상피는 작은 손수건 정도의 크기로, 인간보다 무려 100만~1억 배나 냄새에 민감하다고 알려져 있습니다. 단순히 숫자로 표현하자면 고양이는 사람의 20만~30만 배 민감한 후각을 가졌다고 볼 수 있습니다. 인간이 구분할 수 있는 냄새의 종류가 약 1만 개인데 비해 고양이는 이보다 20~30배 더 많은 종류를 정확하게 인식하고 구분할 수 있습니다. 개나 곰만큼은 아니지만 고양이도 충분히 대단하지 않은가요?

비경^{코끝의 털이 자라지 않은 부분} 구조에도 고양이 후각의 비밀이 숨겨져 있습니다. 고양이의 코를 잘 살펴보면 콧구멍이 동그랗지 않고 옆으로 연결되어 조금 벌어져 있다는 것을 알 수 있습니다. 이 구멍 덕분에 정면뿐만 아니라 옆에서 나는 냄새도 잘 맡을 수 있고, 보다 넓은 범위의 냄새를 맡을 수도 있습니다.

게다가 고양이의 비경은 땀과 피지로 촉촉하기 때문에 공기 중에 떠도는 냄새 분자를 흡착하기 쉽다는 장점도 있습니다. 참 합리적이죠.

이 훌륭한 후각은 사람의 후각 이용과는 용도가 크게 다릅니다. 고양이는 의사소통에 후각을 사용하기 때문입니다.

😸 엉덩이 냄새에는 모든 정보가 담겨 있다

알기 쉽게 고양이보다 후각이 뛰어난 개의 산책 장면을 떠올려 봅시다. 개들이 서로의 엉덩이 냄새를 맡는 장면을 본 적이 있을 것입니다. 사실 이 행동은 항문 옆에 있는 항문선에서 나는 냄새를 사용해 정보를 교환하고 있는 것입니다. 말하자면 서로 자기소개를 하고 있는 것이며, 사람으로 치면 명함을 교환하는 중이라고 볼 수 있습니다.

마찬가지로 고양이도 다른 고양이를 만나면 냄새를 맡음으로써 서로에 대한 정보를 교환하고 있습니다. 이들은 엉덩이 냄새를 통해 성별, 혈연관계, 발정 여부 등의 정보를 얻고 있습니다. 중요한 정보를 교환해서 상대방에게 다가가도 괜찮은지 판단하고, 그 정보를 똑똑히 기억하려는 것입니다.

서로의 냄새를 맡을 때는 고양이 사회의 규칙에 따라 서열이 높은 고양이가 먼저 상대방의 엉덩이 냄새를 맡습니다. 서열이 낮은 고양이가 먼저 상대방의 엉덩이 냄새를 맡기라도 하면 예의 없다며 미움을 사게 됩니다.

초면의 고양이끼리는 물론, 매일 얼굴을 맞대고 있는 동거묘 사이에도 시도 때도 없이 상대방의 냄새를 맡기도 합니다. 만약 같이 사는 고양이가 동물 병원에 다녀와 평소와는 다른 냄새를 묻혀 오면 다른 고양이가 노골적으로 거리를 두는 경우도 있습니다. 냄새는 그만큼 동물에게 중요한 요소입니다.

고양이는 같은 고양이뿐만 아니라 사람의 냄새도 적극적으로 맡고 싶어 합니다. 사랑하는 주인의 냄새를 맡아서 안정을 찾으려는 이유도 있겠지만, 별나게도 종종 악취를 맡고 싶어 합니다.

예를 들어 주인이 신었던 양말이나 벗어 던진 잠옷, 땀 흘린 후의 두피 냄새 등을 맡고 싶어 하는 고양이가 적지 않습니다. 퇴근하고 돌아온 주인의 양말을 열심히 킁킁킁 킁킁킁······. 사람으로서는 고양이들이 왜 그러는지 도무지 이해 가지 않습니다. 하지만 냄새 나는 것을 일부러 맡는 데에는 고양이 나름의 이유가 있습니다. 바로 냄새 속에서 페로몬의 존재를 확인하기 위해서입니다.

고양이와 살아본 사람이라면 고양이가 어떤 물건에서

악취를 맡은 후에 입을 반쯤 벌리고 얼어붙어 있는 모습을 본 적이 있을 것입니다. 이것을 '플레멘 반응flehmen response'이라고 합니다.

냄새에는 본능적인 부분에 작용해 특정 행동을 일으키는 페로몬이 포함되어 있습니다. 통상적으로 냄새는 비강으로 느끼는 것이지만, 페로몬은 위턱의 뒤에 있는 보습 코 기관에서 감지합니다. 그러니 악취를 맡은 고양이들은 끔찍한 냄새에 경악한 것이 아니라 보습 코 기관에 공기를 보내 냄새 물질을 검지하고 있는 것입니다.

플레멘 반응이 일어난 고양이는 진지한 표정으로 입을 벌리고 마치 충격에 빠진 듯 멍한 표정을 짓습니다. 귀여운 모습에 웃음을 참지 못하는 주인도 많다고 하지요.

본래 플레멘 반응은 동종의 페로몬을 확인하기 위한 반응이지만 그 외 자극적인 냄새에도 반응하는 것 같습니다. 앞에서 설명한 주인의 체취도 그렇지만, 자신이 싼 오줌 냄새나 덜 마른 옷 냄새에 반응하는 고양이도 있습니다. 고양이의 웃긴 행동이라고 할 수 있는 플레멘 반응에는 개체

차가 있으며, 자주 일으키는 고양이가 있는가 하면 거의 반응하지 않는 고양이도 있습니다.

참고로 고양이 외에도 고양잇과의 사자나 호랑이, 혹은 사슴이나 말 등에게도 보습 코 기관이 있어 플레멘 반응을 볼 수 있습니다. 아쉽게도 사람은 태아 때에 보습 코 기관이 퇴화하기 때문에 플레멘 반응을 일으키는 일은 없습니다.

냄새를 맡고 싶어 하는 고양이

미각
생존에 직결된 문제, 아미노산에 예민한 고양이

"미각의 95퍼센트는 후각이다"라고 주장한 신경 생리학자가 있을 정도로 미각과 후각은 밀접한 관계에 있으며, 화학 물질이 감각상피 등에 작용해서 발생되는 감각이라는 공통점이 있습니다.

고양이의 경우 먹이를 먹기 전, 먼저 냄새를 맡은 뒤 뇌 속 기억을 끌어내 먹어도 안전한지 등의 판단을 합니다. 사람이 음식을 먹기 전에 킁킁대며 음식의 냄새를 맡는다면 예의에 어긋나지만, 고양이에게는 생존에 직결된, 빼놓을 수는 없는 의식입니다.

열심히 사료 냄새를 맡는 고양이에게 "독 같은 거 안 탔거든!"하는 잔소리를 하고 싶겠지만 꾹 참으세요. 고양이는 뇌에서 냄새를 인식하고 먹어도 된다는 허락을 내려준 뒤에야 겨우 사료를 입에 넣습니다.

좀처럼 식욕이 없는 고양이에게 조금 데운 사료를 주면 웬일인지 먹기 시작할 때가 있습니다. 사료를 가열함으로써 사료의 냄새 분자가 퍼져 고양이의 코 점막을 자극했기 때문입니다. 고양이는 후각이 뛰어난 동물이므로 미각과 후각이 사람보다 훨씬 더 강하게 연결되어 있습니다.

혀는 미각 감지에 중요한 역할을 하고 있습니다. 혀의 표면에는 '혀 유두'라고 불리는 작은 돌기가 있으며, 미뢰는 여기에 분포되어 있습니다. 미뢰는 미각을 느끼는 기관으로, 맛을 느끼는 센서라고 할 수 있습니다. 그러니 미뢰가 많을수록 미각 감도가 높습니다.

미뢰에는 여러 미세포가 있고, 이 미세포가 정보를 전달하는 과정은 다음과 같습니다.

미세포는 미각 정보를 두 가지 뇌신경(안면·혀 인두 신경)을 통해 연수延髓, 아래쪽 척수, 위쪽 다리뇌, 뒤쪽 소뇌 사이에 있는 원뿔 모양의 뇌 부분에 보내고, 이는 대뇌피질의 미각 영역에 이릅니다.

사람이 가진 미뢰 수가 약 9,000개인 데 비해, 개는 약 1,700개, 고양이는 더 적은 약 780개입니다. 게다가 고양이 혀의 가운데 부분에는 미뢰가 변화해 만들어진 오돌토돌한 사상유두絲狀乳頭, 혓바닥에 가늘고 길게 뻗어 있는 혀 유두의 하나로 상피가 각화되어 혀의 표면이 희게 보임가 있으며, 이 부분에서는 맛을 느끼지 못합니다.

종종 '고양이는 맛을 못 느낀다'고 생각하는 사람이 있는데, 확실히 고양이의 미뢰 수는 사람이 가진 미뢰 수의 10분의 1도 되지 않습니다. 하지만 눅눅하거나 입맛에 맞지 않는 사료는 거들떠보지도 않는 고양이도 많습니다. 따라서 미뢰 수가 적다, 즉 미각이 둔하다고 해서 뭐든지 잘 먹는 것은 아닙니다.

또 한 가지, 뜨거운 음식을 잘 못 먹는 사람에게 '고양이 혀'를 가졌다고 말하곤 하는데, 이에 대해서도 할 말이 있습니다. 고양이가 뜨거운 음식을 잘 먹지 못해서 그런 단어가 만들어졌다고 생각할 수도 있겠습니다만, 사실은 조금 다릅니다.

고양이는 정말로 뜨거운 음식을 먹지 못할까요? 물론 사실입니다. 고양이는 뜨거운 음식을 잘 먹지 못합니다. 하지만 고양이뿐만 아니라 거의 모든 동물이 뜨거운 음식을 먹지 못합니다. 야생에는 뜨거운 음식이 없으니까요.

그렇다면 '고양이 혀'라는 말은 왜 생긴 걸까요? 현대에도 '캣 맘', '캣 대디'라고 불리며 길고양이에게 밥을 챙겨 주는 사람들이 있지요? 옛날에도 이런 사람들이 있었습니다. 이때는 지금과 같은 사료가 없었기 때문에 사람이 먹는 음식을 나눠 주었습니다. 사람은 주로 조리한 음식을 먹으니 고양이에게도 뜨거운 음식을 나눠 주었겠지요. 이때 고양이가 음식을 식혀먹는 모습을 보고 뜨거운 음식을 잘 못 먹는 사람에게 '고양이 혀'라고 부르기 시작했답니다.

😺 고양이는 미식가인가

일반적으로 초식동물의 미뢰 수는 다른 동물에 비해 압도적으로 많습니다. 예를 들어 소의 미뢰 수는 약 2만 5,000개입니다. 이는 사람의 약 3배, 고양이의 30배 이상입니다. 초식동물에게 유독 미뢰가 많은 이유는 수많은 풀 중에서 먹어도 되는 것을 판별해야만 살아남을 수 있기 때문입니다.

반대로 고양이와 같은 육식동물은 미뢰의 수가 적은 편입니다. 앞서 살펴본 대로 말하자면 미뢰의 수가 많을수록 미각 감도가 높아지므로 초식동물이 육식동물보다 미식가라고 할 수 있습니다. 조금 의외의 사실이네요.

맛의 기본적인 감각은 단맛, 신맛, 쓴맛, 짠맛의 네 가지로, 사람의 경우 이에 '감칠맛'를 더해 다섯 가지 맛을 감지할 수 있습니다. 맛을 느끼는 역할을 하는 것은 미세포로, 혀 부분에 따라 느끼는 맛의 민감도가 조금씩 다릅니다.

고양이의 감각은 이렇게 이루어져 있다

😊 [도표 8] 고양이의 미각계 구조

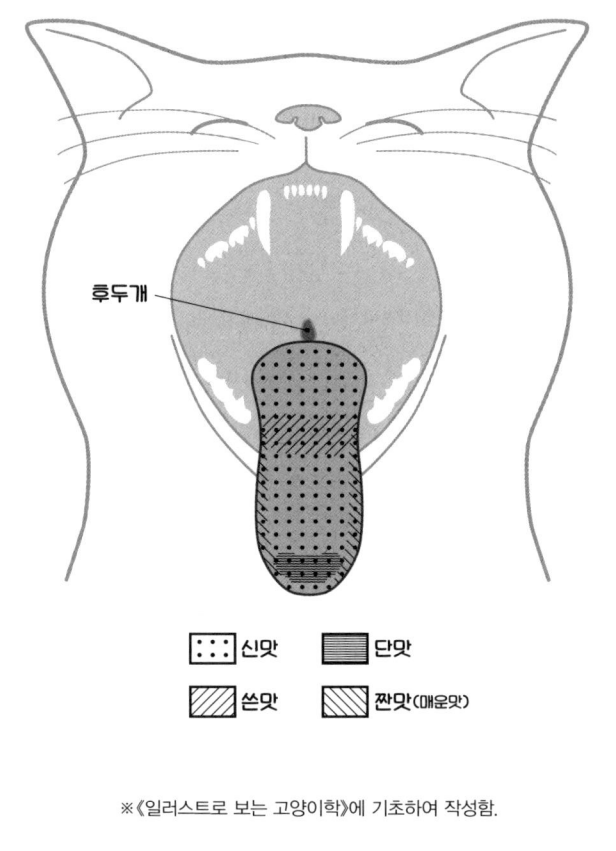

※《일러스트로 보는 고양이학》에 기초하여 작성함.

고양이의 미각 구조는 혀끝과 뿌리, 가장자리로 나뉘며, 감칠맛을 제외하고 기본적인 네 가지 맛을 느낀다고 알려져 있습니다(도표 8 참조). 이에 더해 고양이는 사람이 무미무취라고 느끼는 물에서도 맛을 느낄 수 있다고 알려져 있지만 사실 여부는 확실하지 않습니다.

고양이는 특히 신맛과 쓴맛에 민감합니다. 신맛과 쓴맛은 육식동물의 주식인 고기의 신선도와 관련 있기 때문입니다. 야생 동물에게는 음식의 맛보다도 생명에 위협이 되는 요소를 감지하는 것이 더 중요합니다.

비슷한 이유로 고양이는 단맛에 둔합니다. 어느 실험에 따르면 고양이는 사람이 달다고 느끼는 당류 성분에 거의 반응하지 않았다고 합니다.

하지만 그런 것 치고는 주인이 먹는 간식에 관심을 보이는 고양이가 많지 않은가요? 특히 생크림이 들어간 디저트나 바닐라 아이스크림 등을 먹고 있으면 기웃거리기도 하고 맛있게 핥아먹기도 합니다. 이는 고양이가 단맛을 맛있다고 느끼기 때문이 아니라 우유나 버터에 포함된 동물성 지방분 냄새에 이끌렸기 때문입니다.

고양이는 당류의 단맛 성분은 거들떠보지도 않지만 아미노산의 단맛은 느낄 수 있고, 그중에서도 특히 지방산에 반응합니다. 아미노산은 단백질의 근원이 되는 성분입니다. 육류에 단백질이 풍부하다는 사실은 여러분도 알고 있을 것입니다. 고양이 역시 육식동물이니만큼 고기의 품질에 꽤나 민감한 듯합니다.

참고로 고양이는 본래 귀뚜라미나 메뚜기 등의 곤충도 잘 먹습니다. 이런 곤충들은 고양이가 먹기에 딱 적당한 크기인데다 살이 두꺼워서 씹는 재미가 있습니다. 요즘 화제가 되고 있는 곤충식은 의외로 이치에 맞는 것일지도 모르겠네요. 게다가 곤충은 아미노산이 풍부한 먹이이므로 간식처럼 급여할 수도 있습니다. 산책냥이들은 사냥한 벌레를 입에 물고 돌아오기도 하는데, 이 행동은 사냥이 서툰 인간에게 좋아하는 간식을 나눠 주려는 마음일지도 모르겠습니다.

또한 다 같은 고양이라 해도 각각 사료 취향이 다릅니다. 고양이에게 있어 맛의 기호는 어떻게 정해지는 걸까요? 사람의 기호에는 유년기에 먹은 것, 즉 부모님이 해 주시는 요리가 중요한 요소로 작용합니다. 고양이도 마찬가지입니다.

새끼 고양이의 식성은 어미 곁에 있던 시기에 크게 영향을 받습니다. 새끼 고양이는 어미로부터 사냥을 배우므로 어미가 먹는 것이 곧 새끼 고양이의 먹이가 됩니다. 처음 보는 먹이에 함부로 손을 대서 식중독에 걸리는 등 위험한 경험을 하지 않기 위한 나름의 생존 규칙입니다. 이렇게 해서 배운 어미의 입맛에 따라 새끼 고양이의 미각이 완성되고, 뇌에 깊이 새겨집니다. 사람과 마찬가지로 음식 교육에는 가정이 큰 요소로 작용하네요.

🐾 새끼 고양이에게 우유를 주지 마세요!

그럼 태어나자마자 바로 어미와 떨어지게 된 새끼 고

양이의 미각은 어떻게 되는 걸까요? 사람이 발견해 보호하게 된 경우 주인이 어미의 역할을 대신하게 됩니다. 때문에 이때 주인이 준 먹이를 바탕으로 새끼 고양이의 미각이 완성됩니다.

드물게 야채나 과일을 즐겨 먹는 고양이도 있습니다. 대부분의 고양이들은 좋아하지 않는 먹이죠. 아마 아직 새끼 고양이이던 시절에 주인이 먹어보라며 준 경험이 있어 뇌에서 과일과 야채를 '먹이'라고 인식하고 있을 가능성이 큽니다. 하지만 인간이 먹는 음식 중에는 고양이에게 해로운 음식도 있으므로 함부로 주지 않는 것이 좋습니다.

사람이 고양이에게 주곤 하는 음식의 대표적인 예로 우유가 있습니다. 갑작스레 새끼 고양이를 보호하게 된 사람들은 영양 보충을 해야 한다며 우유를 뜨거운 물에 희석해서 주곤 합니다. 우유에는 '유당'이라고 하는 성분이 포함되어 있는데, 이 유당을 소화시키지 못하는 고양이들은 우유를 먹고 소화불량성 설사를 일으키곤 합니다. 알다시피 동물에게 있어서 설사는 가벼운 일이 아닐 수도 있습니다. 그러므로 우유를 주고 싶다면 사람이 마시는 우유가 아니라 반려동물용 우유를 주도록 합시다.

고양이는 같은 먹이를 계속 먹어도 질려하지 않습니다. 그런 의미에서는 앞에서 말한 '고양이는 미각 감도가 낮다'라는 주장이 옳을지도 모르겠습니다. 고양이의 미각 기호 중 대부분을 차지하고 있는 것은 새끼 시절에 경험한, 먹어도 생명에 지장이 없는 맛입니다. 맛있는 것을 줘야 한다고 이것저것 사 먹인 주인의 노력은 아무래도 괜한 걱정이었을지도 모르겠네요.

촉각
집중 센서! 수염과 발바닥

 마지막으로 소개할 감각은 촉각입니다. 사람의 촉각 수용체는 피부 전체이지만, 고양이의 경우 촉각 수용체가 수염과 발바닥에 집중되어 있습니다.

 고양이의 얼굴에는 긴 수염이 몇 가닥 나 있습니다. 온몸을 덮고 있는 부드러운 털과는 달리 이 수염은 단단하고 굵은 것이 특징입니다. 고양이의 수염은 '촉모触毛'라고 불리며, 촉각 면에서 큰 역할을 하고 있습니다.

 이 수염의 모근은 '정맥동静脈洞'이라는 혈액 주머니 속에 있으며, 정맥동에는 많은 신경세포가 모여 있습니다. 때문에 수염에 어떤 물체가 닿으면 그 자극이 신경세포를 타고 곧바로 뇌로 전해집니다(도표 9 참조). 즉, 고양이 뇌의 관점에서도 수염은 매우 중요한 감각 기관입니다.

고양이의 얼굴을 자세히 살펴보면 코 옆 외에도 수염이 나 있는 것을 알 수 있습니다. 일반적으로 고양이의 수염이라고 불리는 것은 좌우로 약 16개씩 나 있는 긴 수염을 말하며, 이 수염을 '상순모(윗입술 수염)'라고 합니다. 그 외에 턱 밑에 나는 수염 몇 가닥은 '하순모(아랫입술 수염)', 볼 양 옆에 각각 1~2가닥씩 나는 수염은 '협골모(광대뼈 수염)', 입꼬리에 각각 1~2가닥씩 나는 수염은 '구각모(입가 수염)', 두 눈 위에 6가닥씩 나는 수염은 '미상모(눈썹 수염)'라고 합니다. 이 짧은 수염들도 자극에 민감하게 반응합니다.

수염은 구체적으로 무엇을 감지하고 있는 걸까요? 잘 알려져 있는 사실에 따르면 고양이는 수염을 사용해 어떻게 하면 좁은 곳에 소리를 내지 않고 들어갈 수 있을지, 들

😺 [도표 9] 촉모의 구조

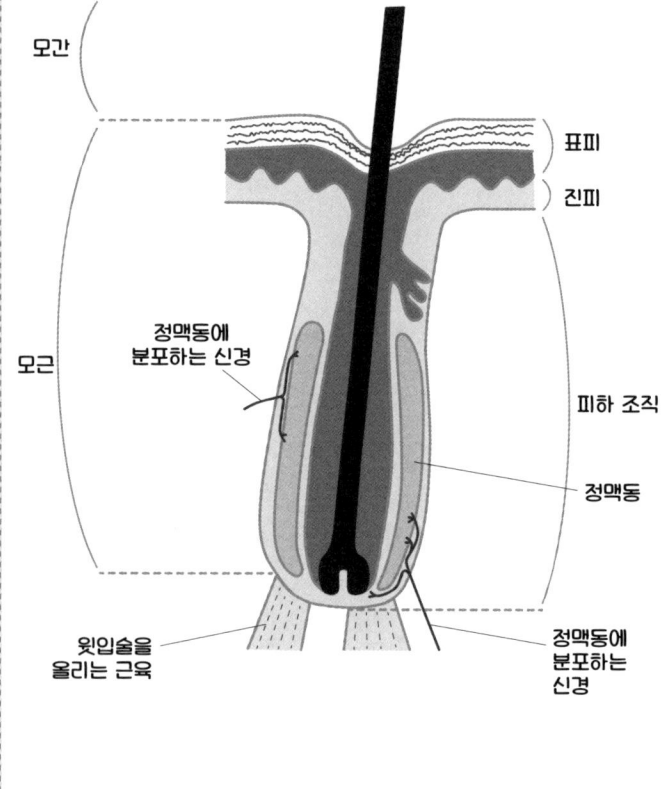

※ 《즐거운 해부학 – 고양이의 몸에는 신기한 것이 많다
楽しい解剖学 猫の体は不思議がいっぱい!》를 토대로 작성함.

어간 뒤에는 어떨지를 판단하고 있습니다. 수염은 고성능 센서와 같으며, 좁은 장소에 몸을 다 넣어보지 않아도 순식간에 폭을 재 들어가도 괜찮은지 판단할 수 있습니다.

🐾 기분을 표현하는 수염

또한 고양이의 수염은 눈꺼풀의 신경과 직결되어 있습니다. 때문에 무언가가 수염에 닿으면 반사적으로 눈꺼풀을 닫아 중요한 신체 부위인 눈을 지킵니다. 또 수염으로 공기의 흐름을 느끼거나, 신경 쓰이는 물건이 있으면 수염으로 살짝 만져서 위험하지 않은지 확인하기도 합니다. 이 수염의 감각은 야생 동물로 살던 시절은 물론, 현대에서도 빼놓을 수 없이 중요한 감각입니다.

딱히 실용성 없는 사람의 수염과는 달리, 고양이의 수염은 그때의 기분을 나타내는 큰 역할을 하고 있습니다. 예를 들어 장난감에 몰두해서 놀고 있을 때나, 무언가 흥미로운 물건을 발견했을 때, 수염은 앞쪽을 향하고 있습니다.

고양이의 수염은 흥분하면 앞을 향해 있고, 편안하다고 느끼면 중력에 따라 아래로 축 쳐지고, 무언가를 경계할 때는 바짝 뒤로 향합니다. 시시각각 느끼는 감정이 뇌에서 발산되어 모근 부분에 있는 입모근立毛筋. 피부의 모근에 붙어 있는 아주 작은 근육으로 수축에 의해 털을 꼿꼿이 세우고, 소름을 돋게 함이라고 하는 근육에 전해지고, 입모근이 신축함으로써 수염의 방향이 바뀌는 구조입니다.

수염을 보고 고양이의 기분을 알 수 있다니, 좋지 않은가요?(감정에 대해서는 제4장에서 설명하겠습니다.) 개는 수염으로 기분을 나타낼 수 없으니 이는 고양이만의 특징이라고 할 수 있습니다. 참고로 개들은 미용할 때 수염 끝을 자르는 경우가 있는데, 고양이의 수염은 중요한 센서이므로 절대로 자르면 안 됩니다.

얼굴 외에도 수염이 난 부위가 있습니다. 바로 앞다리입니다. 고양이의 앞다리, 사람으로 말하자면 손목에 해당하는 부분에는 '수근구^{手筋球}'라고 불리는 단단한 혹이 있으며, 그 근처에 굵고 긴 촉모가 1~3가닥씩 나 있습니다.

여기에 난 촉모도 수염과 같은 역할을 합니다. 신경 쓰이는 물건을 앞발로 만져서 확인할 때나, 뛰어오르거나 뛰어내릴 때 발밑에 놓인 장애물과의 거리를 재는 데에도 도움이 됩니다.

수염과 마찬가지로 고양이의 촉각에 중요한 역할을 하는 것이 바로 '육구^{肉球}'입니다. 집사들이 주로 '젤리' 혹은 '패드'라고 부르는 그것입니다. 귀엽고 말랑말랑한 것이 꼭 젤리 같아서 많은 사람들의 마음을 사로잡고 있습니다. 물론 이 육구는 장식이 아닙니다.

육구의 표면은 피부 조직으로 이루어졌으며, 내부는 결합 조직층과 피하 조직으로 이루어져 사람의 손끝과 비슷합니다. 육구에는 많은 신경이 지나고 있어 땅의 감촉 등이 고스란히 전해집니다. 살짝 닿기만 해도 위험을 재빨리 알아챌 수 있다는 점에서 수염과 마찬가지로 센서 역할을 한다고 볼 수 있습니다.

사람의 손가락처럼 육구에도 각각 이름이 붙어 있습니다. 앞다리의 네 발가락에 붙어 있는 부분이 '지구^{指球}', 발바닥 가운데에 튀어나온 부분이 '장구^{掌球}', 그리고 발목에 위치한 것이 '수근구^{手根球}'입니다. 뒷다리의 네 발가락에 각각 붙어 있는 부분은 '지구^{趾球}', 발바닥 가운데에 튀어나온 부분은 '족저구^{足底球}'라고 부릅니다.

고양잇과와 개과를 비롯해 곰과, 족제비과 등의 많은 동물들에게도 육구가 있지만, 고양이는 다른 동물에 비해 부드러운 육구를 가졌다는 특징이 있습니다. 특히 실내에서 지내는 반려고양이의 경우 울퉁불퉁한 콘크리트나 거친 흙길을 거니는 일이 없으므로 밖에서 사는 길고양이보다도 더 부드러운 육구를 가지고 있습니다. 육구의 색은 털 무늬에 따라 다르지만 대체적으로 연분홍색 육구를 가진 고양이가 많으며, 부드러운 질감과 앙증맞은 색감 때문에 육구에 푹 빠진 사람들이 많습니다.

😺 부드러움이 전부는 아니다!

육구는 높은 곳에서 뛰어내렸을 때 발에 가해지는 충격을 완화시키는 쿠션 역할을 하고 있습니다. 또한 발소리를 내지 않고 걸을 수 있는 것도 발바닥에 있는 육구 덕분입니다. 고양이를 키우는 사람이라면 소리도 없이 발밑에 와 있는 고양이 때문에 깜짝 놀란 경험이 있을 것입니다.

이렇듯 육구의 역할은 귀여움이 다가 아닙니다. 촉각의 우등생인 육구는 땀과도 관계가 있습니다. 고양이 몸의 표면에는 땀샘이 없지만, 발바닥과 코에서는 땀을 흘릴 수 있습니다.

원래는 고양이도 온몸에 땀샘이 있었다고 합니다. 하지만 선조가 반사막 지대에서 생활하게 되자 수분을 아끼기 위해서 땀샘이 어느 정도 퇴화했습니다. 게다가 점차 덥지 않은 장소에서 생활하게 되자 한층 더 땀을 흘릴 일이 적어졌고, 때문에 땀샘이 더 퇴화했다는 설도 있습니다.

이러한 배경에도 불구하고 육구에 땀샘이 남아있는 이

고양이의 감각은 이렇게 이루어져 있다

유는 미끄럼 방지 기능이 필요하기 때문입니다. 고양이가 마룻바닥에서 미끄러지지 않고 걸을 수 있는 이유는 땀을 흘려 미끄럼을 방지해주는 육구 덕분이기도 합니다.

참고로 고양이도 긴장하면 땀을 흘립니다. 예를 들자면 동물 병원을 싫어하는 고양이가 참 많지요. 이런 성격의 고양이들이 동물 병원에 와 진료를 받고 나면 진찰대 위에 육구 모양 땀자국이 남을 정도로 땀을 흘리기도 하며, 이 수가 결코 적지 않습니다. 이렇게 긴장해 흘린 땀자국을 볼 때마다 나쁜 일을 저지른 것처럼 마음이 괴로워지곤 합니다.

마지막으로, 고양이의 촉각 기관인 수염과 육구는 야생에서 살던 시절 사냥의 성공률을 높이기 위해 진화했다는 사실을 알려드립니다. 사냥에서의 수염과 육구의 역할은 이렇습니다.

우선 수염으로 주변 장애물과의 거리를 잰 뒤, 육구를 이용해 소리를 내지 않고 사냥감에 살며시 다가가 덮칩니다. 마지막으로 수염으로 사냥감을 만져 진동을 느끼며 죽었는지 확인합니다.

수염과 육구는 이렇게 작용하며 중요한 감각 기관으로서 발달한 것입니다.

고양이의 육감

"본능적인 감이 작용한다"라는 말이 있는데 본능 즉, 야성이 남아 있는 고양이는 말 그대로 감이 좋습니다.

제2장에서 해설한 고양이의 오감과 예민한 반응은 사람 입장에서 볼 때 충분히 놀라운 것들이었습니다. 흔히 오감을 갈고닦으면 직관력이 향상된다고 말합니다. 다섯 가지의 감각, 즉 '오감'을 뛰어 넘는 직관을 '육감'이라고 한다면, 고양이는 이 육감이 상당히 예리한 동물입니다.

실제로 자주 일어나는 사례를 통해 검증해 봅시다.

"내일은 고양이를 동물 병원에 데려가야 해"라고 소곤소곤 말했을 뿐인데 다음날 아침에 고양이가 침대 밑에 숨어 나오지 않았다는 사례가 있습니다. 설마 고양이가 주인들의 계획을 알아차린 것일까요?

언뜻 고양이에게 예지 능력이라도 있는 것처럼 보이지만, 실은 찰지(察知) 능력에 가깝습니다. 앞에서도 언급했지만, 고양이는 오감 중에서도 특히 청각이 뛰어나 소리에 굉장히 민감합니다. 사람이 말하는 톤을 구분할 수 있을 뿐만 아니라, 동시에 주인이 풍기는 미묘한 분위기 변화로 평소와는 뭔가 다르다는 사실을 알아챈 것입니다. 아마 줄곧 경계하고 있었겠지요. 귀가 좋은 것과 영역을 순찰해 이변을 감지하는 능력을 합쳐 이용한 것입니다. 때문에 경계심이 강한 고양이일수록 찰지 능력이 뛰어납니다.

또한 예로부터 고양이는 지진을 예지하는 능력이 있다는 설이 있습니다. 그 설이 확신으로 바뀐 것은 1995년 일본 한신 아와지 대지진 이후의 일입니다. 전문가가 동물 병원

등에서 취조를 한 결과, 약 40퍼센트의 고양이가 지진이 일어나기 전부터 갑자기 흥분 상태가 되는 등 평소와 다른 행동을 취했다는 사실이 밝혀졌습니다.

그 이유로 진원 영역의 암석이 파괴될 때 전자파가 대량으로 방출되었으며, 이 전자파에 고양이가 반응한 것이라는 주장이 유력합니다. 고양이의 지진 예지 메커니즘에 관해서는 아직 구체적으로 밝혀진 것이 없지만 야성이 강한 고양이에게는 육감이 있다고 생각해 볼 수 있겠습니다.

또 고양이가 가진 신기한 능력으로 화제가 된 것이 있습니다. 미국에서는 '죽음을 예지하는 고양이가 있다'라는 이야기가 화제가 되었습니다. 자세한 내막을 파헤쳐 봅시다.

미국의 어느 양로원에서 치료 목적으로 키우던 고양이가 있었는데, 그 고양이가 다가간 노인이 몇 시간 후에 사망하는 사례가 잇따랐다고 합니다.

불길한 이야기처럼 느껴지지만 이 이야기의 비밀은 고양이의 뛰어난 후각에 있을지도 모릅니다. 물론 다른 고양이들도 후각이 뛰어나지만 이 고양이는 후각이 특히 남달라 임종이 가까운 사람에게서 특정한 냄새를 맡았는지도 모르지요.

제3장

뇌를 알면 달리 보이는
고양이의 습성과 행동

고독한 사냥꾼

제3장에서는 고양이의 습성에 대해 알아보도록 하겠습니다. 오랜 세월 야생에서 살아남은 동물로서의 습성을 알면 고양이의 본질에 한 걸음 더 가까이 다가갈 수 있을 것입니다.

현재 우리와 살고 있는 고양이는 반려고양이, 길고양이를 불문하고 '집고양이'라고 불리는 종의 동물입니다. 개의 선조가 늑대였듯이, 집고양이의 선조는 야생 동물인 '살쾡이'였습니다(선조에 대한 자세한 이야기는 제5장에서 다루겠습니다). 개의 경우, 현재 종에 따라서 늑대와 전혀 닮지 않은 경우가 많습니다. 이에 비하면 살쾡이와 집고양이는 몸 크기나 외모에 큰 차이가 없습니다.

사자 외의 고양잇과 동물은 각자 생활할 영역을 만들고, 단독으로 행동합니다. 이는 같은 구역에 사는 고양이들끼리 각자의 영역을 확실하게 정해두면 다 같이 굶어 죽을 우려가 없어지기 때문입니다.

집고양이의 선조인 살쾡이는 주로 들판이나 산에 살고 있었습니다. 물론 단독 사냥을 하면서요. 살쾡이는 고독한 사냥꾼이었습니다. 살쾡이의 주된 사냥감은 산과 들에 있는 쥐나 새였습니다. 그 외에 도마뱀이나 뱀 등을 사냥하기도 했습니다. 꽤나 사납죠?

야생 살쾡이의 사냥 성공률은 열 번 덤벼서 한 번 성공하는 정도였다고 합니다. 성공률 10퍼센트라는 숫자를 보면 사냥 실력이 의심되겠지만, 그래도 다른 동물에 비하면 상당히 우수한 편입니다.

무엇보다 고양이는 개처럼 무리 지어 사냥감을 쫓지 않고 혼자서 생활하는 만큼 사냥의 난이도가 꽤 높다고 할 수 있습니다. 하지만 단독으로 사냥을 하면 사냥감을 다른 개체에게 나눠줄 필요가 없으므로 가성비가 좋은 편입니다. 참고로 고양이뿐만 아니라 고양잇과 동물들은 모두 사냥에 적합한 신체적 특징을 가졌습니다.

고양이의 선조인 살쾡이는 현재의 집고양이와 비교해도 그다지 몸집이 큰 편은 아닙니다. 이렇게 작은 살쾡이의 사냥 성공률이 높았던 이유는 무엇일까요? 포인트는 고양이의 순발력과 날카로운 발톱, 굵고 튼튼한 송곳니에 있습니다.

😼 사냥의 비결은 잇속의 감각 세포

고양이의 사냥 방법을 재현해 봅시다.

먼저 사냥감을 발견한 고양이는 몸을 낮추고 발소리를 숨긴 채 목표를 향해 살며시 다가갑니다. 그리고 단숨에 덤

벼들어 사냥감을 앞발의 발톱으로 잡은 뒤, 송곳니로 목덜미를 세게 물어서 마무리합니다.

이때 고양이는 송곳니를 사냥감의 목뼈 사이에 박아 넣어 신경을 끊어냅니다. 정확하게 급소를 파악해 송곳니를 박아 넣을 수 있는 이유는 고양이의 이뿌리에 특별한 감각세포가 있기 때문입니다. 마찬가지로 확실히 숨통을 끊은 건지 확인하는 것도 이 감각세포의 역할입니다. 그 결과, 사냥감은 즉사합니다. 송곳니와 발톱이라는 타고난 무기를 마음껏 구사한, 실로 효율적인 사냥 방법이라고 할 수 있겠습니다.

또 지상의 사냥감이 아닌, 하늘을 나는 새를 잡을 때는 뒷발이 대활약합니다. 고양이의 뒷발은 근육이 잘 발달해 있습니다. 덕분에 나무를 잘 타는 데다가 신장의 약 5배 높이까지 뛰어오를 수 있으므로 날고 있는 새도 쉽게 잡을 수 있습니다.

그럼 이제 고양이 뇌에 얽힌 이야기를 조금 해볼까 합니다.

최근 스웨덴을 중심으로 구성된 국제연구팀이 MRI 검사를 통해 가축 토끼와 야생 토끼의 뇌 형태를 비교하는 실험을 실시했습니다. 그 결과, 가축 토끼의 뇌가 야생 토끼의 뇌보다 작은 것으로 밝혀졌습니다. 또 같은 체격의 개와 늑대를 상대로 뇌 크기를 비교해도 개의 뇌가 늑대의 뇌보다 20퍼센트 정도 더 작았습니다.

이러한 결과로 추측해 보건대 고양잇과의 경우에도 크게 다르지 않을 것으로 보입니다. 집고양이의 뇌는 아마 살쾡이의 뇌보다 작을 것입니다. 고양이가 길들여지고 집고양이가 되는 과정에서 대뇌피질의 감각 영역이 축소되었다는 추측이 있습니다. 현대의 집고양이는 사람과 공생함으로써 사냥을 할 필요가 없어졌으니 야생에서 살아가는 데 필요했던 뇌 기능이 퇴화한 것입니다.

😺 유전자에 새겨진 포식성 행동

야생 때보다 뇌 기능이 다소 퇴화하긴 했지만, 여전히

사냥감을 잡는 방법의 일례

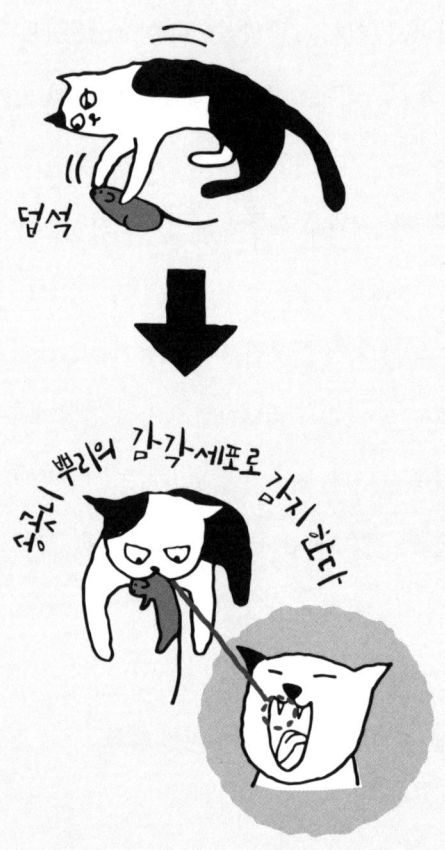

집고양이에게 야생성이 남아 있는 모습을 볼 수 있습니다. 이는 개에 비해 현저한데, 그 이유는 고양잇과의 기본적인 종 특이성 행동 동일 종 내에서 같은 조건하에 선천적으로 생기는 본능적인 행동 유형 이 집고양이에게 남아 있기 때문입니다.

종 특이성 행동의 대표적인 예시로는 '포식성 행동'이 있습니다. 이는 앞에서 설명한 사냥 행위와 관련된 것으로, '사냥감에 살금살금 다가간다', '덤벼든다', '앞발로 누른다', '문다'와 같은 행동 패턴입니다.

어릴 때 어미와 떨어져 고양이다운 행동을 다 배우지 못했을 반려고양이도 성묘가 될 때쯤에는 이런 포식성 행동을 할 수 있게 됩니다. 물론 조금 엉성한 구석이 있지만요. 즉 고양이가 사냥감을 잡는 것은 환경이나 학습에 의한 것이 아니라, 유전자에 단단히 새겨진 '본능'에 의한 행동입니다. 제1장에서 설명한 '고양이는 본능 행동이 강하다'라는 것이 이 포식성 행동에서 증명됩니다.

예를 들어 옛날에는 고양이를 밖에서 키우는 것이 일반적이었습니다. 때문에 가끔씩 고양이가 바깥에서 사냥을 한 뒤 '전리품'을 물고 돌아와 주인을 놀라게 하곤 했죠. 도마뱀이나 매미는 그나마 귀여운 편에 속합니다. 자신의 몸뚱이만한 비둘기나 두더지를 물어왔다는 무용담을 가진 고양이도 있거든요.

집 밖에 나가 본 적 없는 집고양이들도 거미 등의 벌레를 앞발로 건드리면서 가지고 놀곤 합니다. 이런 행동들은 고양이의 유전자에 새겨진 포식성 행동에서 영향을 받습니다.

다만 반려고양이인 경우에는 포식을 목적으로 사냥을 하는 것이 아닙니다. 정해진 시간에 식사가 주어지거나 언제나 밥그릇이 채워져 있는 반려고양이는 밥을 굶지 않는 대신에 사냥이라는 본능적인 충동을 충족시키지 못하고 있습니다. 그 울분으로 인해 사냥감을 다소 잔인하게(?) 다루는 게 아닐까요? 귀엽게 생겼으면서 은근히 잔혹한 일면을 목격할 수 있죠.

또 고양이의 사냥꾼 본능이 영향을 미치고 있는 행동 중 하나가 바로 '밤의 대운동회', 흔히 하는 말로는 '우다다'가 있습니다. 이는 고양이가 갑자기 집 안을 정신없이 뛰어다니는 행동으로 주로 한밤중에 일어납니다.

야생 고양이의 주 사냥감이었던 새가 활동하는 시간은 새벽녘, 혹은 둥지에 돌아가기 전인 저녁입니다. 따라서 이 시간대에 사냥을 하면 성공률이 확연히 오릅니다. 그도 그럴 것이 고양이는 아주 희미한 빛만 있어도 사냥감을 확실하게 알아볼 수 있지만(제2장 시각: 어두운 곳에서도 잘 볼 수 있는 이유? 참조), 사냥감은 주변이 어두우면 움직임이 둔해지기 때문입니다.

이 과거의 습성이 집고양이에게도 남아 있어 주인이 잠을 자고 있는 한밤중에 마치 전원이라도 켜진 듯 눈을 멀뚱멀뚱 뜨고 뛰어다닙니다. 주인에게는 골치 아픈 행동일지도 모르지만, 건강한 고양이라면 응당 해야 하는 자연스러운 행동입니다. 그러니 같이 사는 입장에서 사람이 참을 수밖에요. 그저 '우리 고양이는 건강하구나' 하고 안심하시면

뇌를 알면 달리 보이는 고양이의 습성과 행동

되겠습니다.

살쾡이로 시작해 집고양이가 되기까지, 수십만 년의 진화 과정에서 고양이의 몸과 사고와 행동은 사냥을 위해 발달되었습니다. 예나 지금이나 단독행동이라는 습성이 기반에 깔려 있기 때문에 여전히 독립심이 강하고, 아무리 주인일지라도 어느 정도 거리를 유지하는 것이 고양이라는 동물입니다. 아마 고독한 사냥꾼의 영혼은 앞으로도 사라지지 않을 것입니다.

발정과 교미의 실태

고양이가 성에 눈을 뜨는 시기는 대체로 1살 전후입니다. 이때 고양이의 나이를 사람 나이로 환산하면 18살 정도일 것입니다.

야생 고양이는 1살 반~2살 반이면 성적으로 성숙했다고 판단되는데 아무래도 집고양이가 된 후로 이 시기가 상당히 빨라진 모양입니다. 현대의 고양이들은 영양 상태가 좋으니 발육도 빠른 거겠죠.

고양이는 암컷이 더 조숙해서 평균적으로 4~9개월에 처음 발정합니다. 암캐는 배란 전에 발정 출혈을 보인다고 알려져 있는데 고양이는 이런 증상이 없습니다. 한편, 수컷 고양이가 성숙해지는 시기는 7~16개월로 암컷에 비해 늦습니다.

제1장에서도 조금 언급했는데, 고양이의 발정기는 암컷에게만 발생한다는 특징이 있습니다. 수고양이는 암고양이가 짝짓기 상대를 찾으며 내는 독특한 울음소리나 발정기에 분비되는 페로몬 등에 반응해 성 충동을 일으키는 구조입니다.

본래 암고양이의 발정기는 1년에 한 번, 1~3개월뿐이었습니다. 하지만 집고양이가 되고 나서는 초여름, 가을을 포함해 세 번 정도 찾아오기도 합니다.

이렇게 발정기가 늘어난 것은 집고양이의 영양 상태가 좋은 것, 그리고 계절과 상관없이 언제나 조명이 켜진 밝은 방에서 생활하게 된 것 때문이라고 추측해 볼 수 있습니다. 방의 밝기가 발정기의 증가와 연관이 있는 이유는 제1장에서도 언급했듯이 발정이 일조 시간에 영향을 받기 때문입니다. 태양광이든 인공등이든 구분 없이 밝기에 영향을 받습니다.

야생에서는 하루 중 일조 시간이 12~14시간 이상인 시기가 오면 암컷의 신체에서 자연스럽게 발정이 시작됩니다. 고양이의 임신 기간은 평균 63일이므로, 따뜻하고 날씨가 궂지 않은 봄에 출산과 육아를 할 수 있게 되는 거죠.

🐾 고양이의 '밀당' 연애

이렇게 계절에 맞춰서 출산하는 동물을 '계절 번식 동물'이라고 하며, 고양이 외에도 말이나 곰 등이 여기에 해당됩니다.

일조 시간이 길어지고 고양이 눈에 들어오는 빛이 많아지면 뇌의 시상하부 등이 작용해 '수면 호르몬'이라고도 불리는 멜라토닌^{melatonin}의 분비가 줄어듭니다. 이 호르몬의 감소가 부신을 자극해 부신 피질 호르몬이 나오고, 부신 피질 호르몬이 시상하부를 자극해서 발정에 이릅니다. 암컷의 몸 안에서 '호르몬 캐치볼'이 반복됨으로써 발정 호르몬의 양이 늘어나는 것입니다.

암컷이 발정에 이르면 다음은 수컷 차례입니다. 발정한 암컷의 페로몬은 400~500미터, 풍향에 따라서는 그보다 더 멀리 전해질 수도 있다고 합니다. 수컷은 이 페로몬을 놓치지 않고 캐치합니다.

암컷의 울음소리나 페로몬으로 발정을 감지하면 수컷의 몸은 이윽고 교미를 할 수 있는 상태가 됩니다. 이후 수컷은 독특한 울음소리를 내거나 스프레이^{페로몬이 포함된 오줌을 스프레이를 뿌리듯이 배설하는 행동} 등을 하면서 암컷에게 맹렬히 작업을 겁니다. 이번에는 이 자극을 받은 암컷의 몸이 육아 준비에 들어갑니다. 수컷과 암컷은 이렇게 번갈아가며 서로를 자극하는 식의 밀고 당기기를 합니다.

먼저 들이대는 것은 암컷이지만 아무 수컷이나 받아주는 것은 아닙니다. 인기 많은 암컷 길고양이는 여러 수컷에게 동시에 구애 받곤 합니다. 참고로 고양이 세계에서는 얼굴 생김새나 털의 아름다움이 아닌 몸 크기가 선택 기준이 되는 경우가 많습니다. 또한 나이가 어린 고양이보다는 경험이 풍부한 5~7살의 수컷이 선택받을 가능성이 큽니다.

암컷의 발정은 10일 정도의 주기로 반복됩니다. 발정기가 절정일 때는 수컷 앞에서 땅에 비비듯이 머리를 숙이고, 엉덩이를 높이 들고, 꼬리를 세워 외음부를 노출시킵니다.

하지만 막상 수컷이 다가오면 정색을 하며 도망갑니다. 그 후 조금 떨어진 곳에서 다시 수컷을 유혹합니다. 고양이는 경계심이 강한 동물이기 때문에 이렇게 함으로써 수컷이 자신에게 적의와 공격성을 갖고 있는 것은 아닌지 확인합니다.

수컷은 몹시 애가 타면서도 일부러 암컷 앞에서는 태연한 척 널브러진 모습을 보입니다. 적의가 없음을 열심히 어필하는 것이지요. 그렇게 해서 암컷이 경계심을 내려놓으면 단숨에 달려듭니다. 목덜미를 가볍게 물어 누른 뒤 생식기를 삽입하여 교미에 달합니다.

이렇게 오랜 시간을 들여서 교미에 성공했음에도 불구하고 행위 자체는 불과 10초 밖에 걸리지 않습니다. 참고로 개의 교미 시간은 30분 정도입니다. 고양이는 시간을 낭비하지 않는 것이 특징입니다.

암컷은 교미가 끝나기 무섭게 수컷에게 격노를 표출합니다. 때로는 날카로운 발톱으로 수컷을 실컷 할퀴어서 상처를 입히기도 합니다. 어쩌면 갑자기 벌어진 교미가 불쾌해 분노를 표출하고 있는 것일지도 모릅니다.

🐾 임신 확률이 백 퍼센트인 이유

암컷이 분노한 또 한 가지 이유는 생식기의 모양에 있습니다. 수컷고양이의 생식기 표면에는 가시 같은 돌기가 돋아 있으며, 이는 뿌리 방향을 향하고 있습니다. 즉 생식기를 빼는 순간 암컷에게는 통증을 수반하는 자극이 발생한

고양이의 사랑은 이런 모양

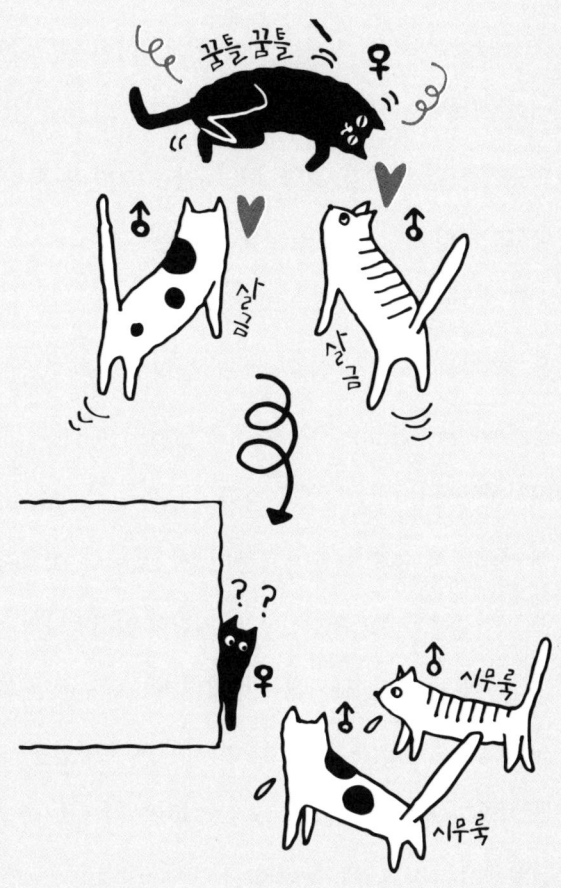

다고 합니다. 이렇게나 아픈데 왜 발정까지 일으켜 교미를 할까요?

암컷고양이들에게는 미안한 이야기이지만, 수컷고양이가 생식기를 뺄 때의 일어나는 자극은 임신에 있어 중요한 포인트가 됩니다. 고양이의 배란은 교미 후에 일어나기 때문입니다. 구조는 다음과 같습니다.

교미에 의해 느껴진 자극은 질을 지나 자극이나 흥분을 전달하는 구심성 신경말초로, 그리고 뇌와 척수로 자극을 전달하는 신경을 지나 뇌에 전달됩니다. 다음으로 뇌의 시상하부에서 내린 명령에 따라 호르몬을 분비하는 뇌하수체 전엽에서 황체 형성 호르몬이 분비됩니다. 이 과정을 거쳐 교미로부터 24~48시간 후에 배란이 일어납니다.

이렇게 교미 후에 배란이 일어나기 때문에 거의 백 퍼센트 확률로 임신하게 됩니다. 이러한 배란 방법을 '교미 배란'이라고 부르며, 토끼의 경우도 마찬가지입니다. 동물들 입장에서는 실로 합리적인 임신 시스템입니다.

하지만 이 시스템에는 맹점이 있습니다. 교미가 끝난 암컷이 근처에서 대기하고 있었던 다른 수컷과 곧바로 교미에 이르는 경우가 있습니다. 교미 후 배란이 이루어질 때까지 시간이 걸리기 때문에 연속해서 교미가 이루어지는 경우, 한 번의 출산으로 아버지가 다른 새끼 고양이들이 태어나기도 합니다. 인간으로 바꿔서 생각하면 놀라운 일이지만 고양이의 강한 생명력을 보여주는 증거라고 볼 수 있습니다.

고양이들의 교미 실황에 대해 조사한 적이 있는데, 대개 한밤중에 인기척이 없는 곳에서 이루어져 사람이 교미 현장을 목격하는 일은 거의 없었습니다.

사회화 시기가 뇌에 미치는 영향

동물의 뇌 신경은 어미의 뱃속에 있는 태아 시기에 만들어집니다. 인간의 경우 대뇌, 소뇌, 뇌간 같은 기본적인 뇌 구조는 3살 즈음에야 완성된다고 알려져 있습니다. 인간 나이 3살을 고양이 나이로 환산하면 생후 8~12주 정도에 해당됩니다. 즉 인간은 3살까지, 고양이는 12주까지 뇌가 발달 중이며, 이 시기는 매우 중요합니다.

새끼 고양이는 태어난 뒤 1~2주가 지나면 시각과 청각이 발달해 희미하게 무언가를 보거나 소리에 반응할 수 있게 됩니다. 그 후 감각 기관이나 몸의 근육이 점차 발달하면서 걷고, 뛰고, 먹이를 먹거나 배설하는 등 스스로 할 수 있는 일들이 점점 많아집니다.

이처럼 계속해서 새로운 자극을 받아 혼자서 할 수 있는 일들이 많아지는 생후 8~12주를 고양이의 '사회화 시기'라고 부릅니다.

고양이의 성격은 부모로부터 물려받은 '유전자', 태어난 뒤에 자라며 경험하는 '환경', 생리적으로 변화하는 '몸의 상태' 이 세 가지 요소가 합쳐져서 형성됩니다.

환경 중에서도 가장 크게 영향을 미치는 것은 '사회화 시기를 어떻게 보냈는가'입니다. 새끼 고양이가 이 시기에 같은 고양이나 인간, 다른 종의 동물 등과 많이 접촉하면 소통 능력이 발달한다는 사실도 알려져 있습니다.

참고로 개에게도 사회화 시기가 있습니다. 이들의 사회화 시기는 생후 3~14주라고 하니 고양이와 크게 다르지 않습니다.

종에 관계 없이 사회화 시기에 경험해 본 것은 성장한 후에도 무서워하지 않는 경향이 있습니다. 그러니 새끼 고양이 때부터 적극적으로 인간과 좋은 유착을 경험하면 '인간은 무섭지 않다', '인간과 함께 있는 것은 안전하다'라고 뇌에서 기억하게 됩니다.

이것에는 제1장에서 설명한 편도체나 해마와 관련 있습니다. 좋은 기억에 의해 성장 후에도 사람을 경계하지 않는 다정한 고양이나 개로 성장하는 거죠.

또 사람과 지내는 시간이나 횟수가 많거나, 많은 사람을 만나고 경험할수록 성묘가 된 후에도 인간을 무서워하지 않을 가능성이 큽니다.

사회성에 큰 영향을 주는 또 다른 요소는 형제 고양이의 유무입니다.

고양이는 한 번의 출산으로 4마리 전후의 새끼 고양이를 낳으므로 대부분은 형제 고양이가 있습니다. 고양이들은 형제와 함께 자라면서 상대방을 다치게 하지 않으면서 장난치는 법을 몸소 배우게 됩니다. 이런 학습을 통해 주인을 물거나 할퀴는 난처한 행동 또한 경감됩니다.

어미 고양이에게 배우는 고양이 사회의 규칙

　여기서는 어미 고양이와 새끼 고양이의 관계에 대해 이야기해 보려고 합니다.

　포유류 새끼 동물들은 어미가 돌봐주지 않으면 살아갈 수 없습니다. 물론 고양이도 그렇습니다. 인간과 마찬가지로 고양이도 출산 후에 체내의 호르몬이 변화하고 모성 행동을 보입니다. 고양이의 모성 행동이란 새끼의 몸을 핥아서 깨끗하게 씻겨주거나, 젖을 먹여서 영양을 공급하거나, 배변을 유도하는 것입니다.

　어미 고양이의 모성 행동은 동물의 생존 본능에 관여

하는 대뇌변연계가 깊이 관계되어 있습니다. 제1장에서 설명했지만, 대뇌변연계의 일부인 편도체는 애착 형성에 관여하고 있습니다. 이는 고양이 뇌에서 꽤 발달되어 있는 영역이므로 고양이는 모성애가 강한 동물이라고 할 수 있습니다.

고양이의 모성 행동 중 특별히 두드러지는 점은 새끼에게 고양이 사회에서 살아가는 규칙을 가르치는 데 그리 오랜 시간을 쓰지 않는다는 점입니다. 다시 말해 짧은 기간 안에 정확하게 가르치는 능력을 가지고 있습니다. '짧은 기간'이 포인트입니다. 고양이는 단독으로 행동하는 동물이므로 아무리 어미와 새끼 관계라고 하더라도 평생 함께 생활하지는 않습니다. 때가 되면 새끼는 어미로부터 독립합니다. 평생 붙어 지내는 경우는 집고양이에게서만 볼 수 있습니다.

고양이의 임신 기간은 약 2개월입니다. 때문에 환경이나 시기에 따라 다르지만, 일 년에 두세 번 출산하는 것도 가능합니다. 새끼 고양이의 빠른 독립에는 어미 고양이가 다음 임신과 출산에 대비해야 한다는 이유도 영향을 미칩니다. 암컷고양이는 느긋하게 육아할 시간이 없습니다.

어미 고양이의 교육은 새끼 고양이가 젖을 떼고 체력이 붙기 시작하는 5주 차부터 시작되어 8주 차에는 거의 끝난다고 알려져 있습니다. 그리고 새끼 고양이는 태어난지 육 개월쯤 되면 완전히 독립하게 됩니다.

육 개월령 고양이는 사람 나이로 겨우 열 살 전후에 해당합니다. 겨우 초등학생 정도 된 아이가 독립한다니! 사람으로서는 상당히 가혹한 상황이겠죠. 그리고 같은 월령의 암컷은 첫 발정기를 맞이합니다. 태어난 지 육 개월밖에 되지 않았는데 벌써 어미가 될 차례라니요. 뭐든 사람과 비교하고, 사람을 중심을 생각하는 것은 좋지 않지만 고양이의 삶은 너무나도 빠르게 느껴집니다.

🐾 짧은 시간 안에 모든 것을 가르친다

이제 어미 고양이가 새끼 고양이에게 무엇을 가르쳐주는지 구체적으로 살펴봅시다. 어미 고양이가 가르쳐 주는 고양이 사회의 규칙은 4가지입니다.

첫 번째는 살아가는 데 가장 중요한 '먹이'에 관한 것입니다.

새끼 고양이가 태어나고 5주 정도 지나면 이빨이 자라며, 이 시기에 젖을 떼기 시작합니다. 그즈음 어미 고양이는 새끼 고양이에게 먹어도 괜찮은 것, 사냥하는 방법 등을 가르치기 시작합니다.

먼저 어미 고양이가 사냥감을 물고 영역으로 돌아옵니다. 움직이는 소동물은 장난감이 아니라 사냥감, 즉 먹을 것이라는 사실을 가르치기 위해 새끼 고양이 앞에서 사냥감을 물어 죽입니다. 새끼 고양이는 이렇게 사냥감을 죽이는 방법을 배우게 됩니다.

다음으로 죽인 사냥감이 먹이임을 가르치기 위해서 사냥감을 먹어 치웁니다. 새끼 고양이 앞에서 사냥감을 먹음으로써 새끼 고양이는 '사냥감을 잡는다 → 물어 죽인다 → 먹는다'라는 것을 배웁니다.

그 후에는 함께 사냥을 하러 나갑니다. 어미 고양이가 사냥감에 다가가는 방법이나 숨통을 끊는 방법을 보여주면서 가르치고, 새끼 고양이가 스스로 해 보도록 훈련시킵니다. 이렇게 새끼 고양이는 사냥을 해서 먹이를 얻는 과정을 터득하게 됩니다.

두 번째는 '안전'에 관한 것입니다.

아직 아장아장 걷는 새끼 고양이가 보금자리도 아닌 곳에서 혼자 걷게 두는 것은 위험합니다. 때문에 어미 고양이는 새끼 고양이의 목덜미를 물어 안전한 곳으로 옮깁니다. 그렇게 도착한 곳에서 안전한 장소에 대해 가르칩니다.

하지만 어떤 장소에 있든 적에게 공격을 받는 경우가 있습니다. 그럴 때 어미 고양이는 새끼 고양이를 위협해 멀리 도망치게 하고, 그 태도를 본 새끼 고양이는 '적'이 무엇인지 배우게 됩니다. 어미 고양이가 새끼 고양이를 지키고

자 하는 본능은 상당히 강합니다. 상대가 아무리 큰 동물이더라도 맞서 싸워 새끼 고양이를 지킵니다.

세 번째는 '동료와 잘 지내는 방법'입니다. 다른 고양이들과의 다툼을 피하는 기술이라고 할 수 있습니다.

새끼 고양이가 장난을 치다가 세게 물면 어미 고양이도 똑같이 물어서 힘 조절하는 법을 가르쳐 줍니다. 네가 세게 물면 상대방이 아프다는 것을 새끼 고양이에게 알려주려는 것입니다.

사교 기술은 살아가는 데 빼놓을 수 없는 매너입니다. 새끼 고양이가 눈을 똑바로 쳐다보면 어미가 화를 내면서 적의를 보입니다. 고양이 사회에서 상대의 눈을 똑바로 쳐다보는 행동은 적의를 나타내기 때문입니다.

고양이 사회의 규칙에 대해서는 다음 꼭지에서도 자세하게 설명하겠습니다만, 간략히 말하자면 대장 고양이와 우연히 만났을 때 눈을 똑바로 마주치면 공격의 대상이 될 수 있습니다. 그러니 싸움에 휘말리는 일이 없도록 새끼 때부터 인사 예절을 가르치는 것이 중요합니다.

네 번째는 '사람과 친해지는 방법'입니다.

반려고양이인 경우 어미 고양이가 주인을 대하는 태도를 보고 따라하면서 사람과의 관계를 체득합니다. 그래서 인간과 함께 집에서 생활하는 반려고양이가 낳은 새끼 고양이는 처음부터 인간 가족에게 경계심이 없고 친근하게 행동하는 경향이 있습니다.

길고양이의 경우 어미 고양이가 인간을 경계하고 피하면 새끼 고양이도 똑같이 행동합니다. 오랫동안 밖에서 생활한 길고양이를 집에 데리고 왔을 때 고양이가 사람에게 마음을 여는 데 시간이 걸리는 이유는 어미 고양이의 태도를 보고 자랐기 때문입니다. 익숙해질 때까지 시간이 꽤 걸리지만 어쩔 수 없는 일이니 각오해야 합니다.

어미 고양이는 이러한 고양이 사회의 규칙을 매우 짧은 시간 안에 가르칩니다. 그리고 새끼 고양이는 일생을 살아가는 데 필요한 지혜를 물려받고 독립합니다. 새끼 고양이가 어엿한 고양이로 홀로서기할 수 있도록 애쓰는 어미 고양이의 모습에서 깊은 사랑이 느껴집니다.

    사람마다 다르게 생각할 수도 있지만 저는 부모의 역할은 자식이 자립할 수 있게 돕는 것이라고 생각합니다. 그런 점에서는 인간이 고양이에게 배울 점이 많은 것 같습니다.

육아는 힘들어

선착순으로 결정되는 단순한 승부

앞에서도 설명했듯이 고양이는 고독한 사냥꾼입니다. 단독행동을 한다는 것은 다른 고양이들과 전혀 어울리지 않고 완전히 혼자 활동한다는 뜻은 아닙니다. 사실은 고양이들에게도 고양이 사회가 존재합니다. 개처럼 무리지어 행동하지는 않지만 밖에서 사는 길고양이들도 가벼운 그룹을 형성하는 경우가 있습니다.

고양이의 영역에는 잠을 자거나 육아를 하는 집 영역과 사냥감을 찾아 행동하는 사냥 영역이 있습니다. 사냥 영역은 넓은 공간이며, 이는 다른 고양이와 공유하기도 합니다. 먹이 먹는 장소를 함께 쓰는 이러한 무리는 관계성이 가벼운 조직에 해당됩니다.

공유하는 사냥 영역에서는 아는 고양이와 마주쳐도 아는 척하지 않는 것이 고양이 사회의 규칙입니다. 이들은 무심한 척하면서 다른 고양이들을 유심히 관찰하고 있습니다. 앞서 말했듯 고양이 사회에서 상대방의 얼굴을 똑바로 마주 보는 것은 싸우자는 것과 다름없으므로 부모나 형제 고양이 외에는 눈을 보지 않는 것이 예의입니다.

일면식이 없는 고양이와 만난 경우에는 특히 눈을 마주치지 않도록 주의해야 합니다. 눈을 피하지 않으면 싸움으로 발전하기 때문입니다. 인간관계에서도 비슷한 상황이 일어나곤 하죠. 길을 가다가 모르는 사람과 "뭘 쳐다봐"하며 시비가 붙는 무서운 상황 말입니다. 고양이도 웬만해선 싸움을 피하고 싶어 합니다. 부상을 입으면 사냥을 못하게 되고, 사냥을 못하면 목숨이 위태로워지기 때문입니다. 그런 의미에서 고양이는 평화를 선호하는 동물입니다.

일면식이 없는 수컷고양이끼리 마주쳐 싸움이 일어나더라도 최대한 울음소리 대결만으로 결판내려고 합니다. 울음소리 대결이나 시선 제압에서 진 쪽이 자세를 낮춰 항복하는 식으로 서열이 정해집니다. 몸싸움으로 서열을 결정하는 경우도 있지만 실제로 자주 일어나는 일은 아닙니다. 서로 다쳐서 좋을 것이 없기 때문이죠.

그리고 한 번 서열이 정해진 고양이들 사이에서는 또다시 싸움이 벌어지는 일이 없습니다. 고양이들이 사람보다도 인의를 중요시하고 잘 지키고 있는 것 같네요. 뇌의 구조로 따지자면 사람이 훨씬 더 이성적일 텐데, 참 신기할 따름입니다.

가벼운 고양이 조직에는 대장도 있습니다. 길고양이가 출몰하는 영역에서는 이따금 누가 봐도 대장 같이 생긴, 인상이 사나운 고양이를 볼 수 있습니다. 하지만 이 대장 고양이는 원숭이 산에 있는 대장 원숭이 같은 존재는 아닙니다. 앞에서 설명한 것처럼 울음소리 대결에서 이겼거나, 덩치가

커서 다른 고양이들이 마주치기만 해도 꽁무니를 내뺄만한 수컷고양이가 조직의 상위에 군림합니다.

서열이 높은 대장 고양이 외에는 모두 동등하게 살아갑니다. 하지만 고양이 사회에는 특이한 점이 있습니다. 서열, 이른바 '승부'가 때와 상황에 따라 바뀐다는 것입니다. 특히 좋은 자리를 선점하고자 할 때 이러한 특징이 뚜렷하게 나타납니다.

예를 들면 어느 좋은 장소에 서열이 낮은 고양이가 먼저 앉아 있었다고 합시다. 그곳에 서열이 높은 고양이가 어슬렁거리며 다가옵니다. 하지만 서열이 높은 고양이는 그 자리가 탐나도 "야, 비켜"라고 하지 않습니다. 왠지 좋은 자리를 포기하고 다른 장소에 앉습니다. 사람으로 치면 부장 자리에 평사원이 앉아 있는 것입니다. 정말 그런 상황이 벌어졌다면 아마 바로 비켜주거나, 부장이 헛기침을 하면서 평사원에게 비키라는 눈치를 줬을 것입니다. 하지만 고양이의 서열은 꽤 엉망인데다 느슨하기까지 합니다. 좋은 장소를 차지할 권리가 선착순으로 주어집니다. 어떤 의미에서는 매우 공평하다고 할 수도 있겠지요.

그렇다면 집고양이들의 서열은 어떻게 정해질까요? 최근에는 다묘 가정이 늘고 있습니다. 이런 경우 좁고 한정적인 공간을 여러 마리의 고양이들이 공유하기 때문에 트러블이 일어날 가능성이 큽니다.

특히 고양이가 세 마리 이상이면 싸움이 일어날 가능성이 더욱 높아진다고 합니다. 두 마리일 때는 일대일이니 서로 얼마나 센지 알 수 있고, 한 번 서열이 정해지면 싸움을 하지 않아도 되지만 세 마리부터는 곤란해집니다.

고양이 사회에도 따돌림이 존재한다

세 마리가 되면 영역이 보다 좁아질 뿐만 아니라 서열을 정하기도 어렵습니다. 그 결과 싸움이 자주 일어납니다. 또한 세 마리 중 두 마리만 사이가 좋은 경우, 남은 한 마리가 고립될 수도 있습니다. 심하게 싸우지 않는다거나 큰 문제가 생기지 않으면 어떻게든 타협하며 지낼 수 있겠지만

심할 경우 '왕따'가 발생하기도 합니다.

그렇습니다. 고양이 사회에도 따돌림 문제가 있습니다. 안타깝지만 사람도 세 명 이상 모이면 일 대 다수의 구도로 왕따를 만들 가능성이 큽니다. 하지만 고양이들의 왕따 이유는 대체로 주인의 사랑을 독차지한다는 질투입니다. 주인에게 항상 예쁨 받고 먹이를 우선적으로 받는 고양이가 있으면 주인이 집을 비웠을 때 다른 고양이들에게 괴롭힘을 당하곤 합니다.

왕따라는 단어를 사용하긴 했지만 인간들처럼 음침하고 지독한 것은 아닙니다. 사료를 가로채거나 쫓아다니는 것이 대부분입니다. 그래도 왕따가 계속되면 괴롭힘을 당한 고양이는 스트레스를 받아 배변 실수를 하거나 건강이 나빠질 우려가 있으므로(제5장 참조), 주인은 꼭 이에 대한 대책을 마련해야 합니다.

주인은 괴롭힘을 당한 고양이가 아니라, 괴롭힌 쪽의 고양이를 충분히 달래줘야 합니다. 사료나 간식을 먼저 챙겨주는 식으로 관심을 주면 따돌림을 그만 두는 경우도 있습니다. 그렇게 했음에도 불구하고 고양이들끼리 사이가 좋아지지 않는다면 영역(생활 공간)을 나누는 방법도 고려해 봐야 합니다.

'반려동물 등록제 의무 등록 대상이 아니기 때문에', '조용하고 훈련시킬 필요가 없어서', '산책시키지 않아도 돼서' 등의 이유로 고양이를 여러 마리 키우는 집이 많아졌고, 몇 마리였던 것이 순식간에 수십 마리로 불어나 감당하지 못하는 사례가 잇따르고 있습니다. 이러한 형태가 곧 애니멀 호더 같은 사회 문제로 발전하고 있다는 사실을 아는 사람도 많을 것입니다.

한 집에서 많은 고양이를 키우는 일은 사람에게 문제가 될 뿐만 아니라, 고양이들에게도 상당히 스트레스 받는 일입니다. 그러니 최대 3~5마리만 키우길 바랍니다. 이는 길고양이가 공동 사냥 영역에서 마주치는 고양이의 수입니다. 물론 생활 공간의 크기에 따라 차이가 있지만 고양이의 건강을 생각하더라도 다묘 가정은 추천하지 않습니다. 거듭 말하지만, 고양이와 함께 살고 싶다면 우선 고양이가 영역 동물임을 이해해야 합니다.

묵직한 사회성도 있는 고양이

고양이 사회의 가벼운 조직 이야기로 돌아갑시다. 사냥 영역을 공유하면서 다른 고양이와 마주쳐도 아는 척하지 않는 쿨한 관계가 기본이지만, 가끔은 정해진 장소에서 모임을 갖기도 합니다. 고양이를 좋아하는 사람이라면 한 번쯤 들어봤을 만한 '고양이 집회'라는 것입니다.

집회라고는 했지만 여러 마리가 일정한 거리를 두고 모여 빈둥빈둥, 그저 널브러져 있기만 합니다. 이 집회가 도대체 어떤 이유로 열리는 것인지 아직 명확한 답은 알 수 없지만, 공유 영역 내에 사는 동료의 생사 확인, 새로운 주민 확인, 발정기의 암고양이 여부 등의 정보 교환을 하고 있다는 설이 유력합니다. 서로 얼굴을 맞대면서 사람에게 들리지 않는 고주파 울음소리로 대화를 나누고 있는 것일지도 모릅니다. 어쨌거나 사냥감을 공유하는 동료 의식이 있으며, 고양이 사회의 규칙에 따라 유대 관계를 강화하고 있는 것 같습니다.

고양이 사회를 관찰하며 새롭게 깨달은 것이 있습니다. 고양이는 고독하게 생활하면서도 집단생활에 인색하지 않는다는 점입니다. 의외로 유연한 사회성을 갖춘 동물입니다. 이처럼 독특한 고양이의 행동 양식이 사람에게는 특이하고 매력적으로 느껴집니다. 우리가 고양이를 사랑하는 이유가 아닐까 싶습니다.

고양이의 귀소 본능

"개는 사람에게 붙고, 고양이는 집에 붙는다."

개는 사람을 잘 따르지만 고양이는 사람보다 집을 선택한다는 개와 고양이의 성질 차이를 단적으로 표현한 말입니다.

고양이를 포함한 육식동물은 사냥감을 확보하기 위해서 강한 영역 의식을 가지고 있습니다. 때문에 영역 중에서도 주거 영역이 제일 중요합니다.

육아기를 제외하고, 기본적으로 한 영역은 한 고양이

만의 것입니다. 여럿이서 나눠 쓰지 않습니다. 길고양이의 평소 행동 범위는 지름 약 500미터라고 알려져 있습니다.

집에서 키우는 고양이의 경우 집 안이 영역이 됩니다. 그러므로 반려고양이가 가출을 했더라도 근처의 공원 등 그리 멀지 않은 곳에 숨어 있을 가능성이 큽니다. 다만 밖에 나왔을 때 길고양이들에게 쫓겨 영역에서 크게 벗어나는 경우도 있습니다.

어느 실험에 따르면, 고양이는 자신의 집 반경 12킬로미터 안에서는 방향을 파악할 수 있다고 합니다. 하지만 그 이상 멀어지면 미아가 되고 맙니다. 이 결과로 미루어 고양이는 귀소 본능이 다소 부족하다고 생각할 수도 있지만, 꼭 그렇지만은 않습니다. 오래 전부터 도시 전설처럼 내려져 오는 고양이의 귀소 본능에 관한 이야기를 몇 가지 들려드리겠습니다.

비교적 최근 이야기를 예시로 들어봅시다. 몇 년 전, 미국 플로리다주에 살던 고양이가 주인과의 여행 중 행방불명되었다가 몇 개월 만에 기적적으로 집에 돌아왔다고 합니다. 이 고양이는 집에 돌아오기 위해 약 320킬로미터를 걸었습니다.

일본에도 이와 비슷한 이야기가 있습니다만, 마이크로칩을 장착하고 있었던 것이 아니므로 진위 여부는 확실하지 않습니다.

이와 같은 귀소 본능의 메커니즘은 아직 과학적으로 해명되지 않은 부분이 많은데, 동물의 생리적인 시간 감각인 '체내 시계'가 이와 관련 있다는 설이 가장 유력합니다. 수백 킬로미터나 떨어진 곳으로 이동하게 되면, 원래 있던 곳에 맞춰져 있던 체내 시계 및 태양의 위치에 어긋남이 발생합니다. 이 어긋남을 바로잡으려고 나아가다 보면 원래 살던 곳에 도착한다는 것입니다.

그 밖에도 많은 동물들의 몸 안에 지구의 자기를 감지하는 기능이 갖춰져 있다고 하는 '자기 감지설', 뛰어난 시각, 청각, 후각을 이용해 얻은 정보로 자신의 머릿속에 일종의 지도를 만들어둔다는 '감각 지도설'도 있습니다.

고양이의 귀소 본능에는 상당한 개체 차이가 있으며, 특히 집에서만 자란 고양이가 그 능력을 발휘할 가능성은 낮아 보입니다. 밖으로 뛰쳐나간 고양이가 행방불명되지 않도록 가출 방지 대책을 단단히 세워두는 것이 좋겠습니다.

제4장

고양이의 마음을
들여다보면……

고양이의 지능은 두 살배기 아기보다 높다?

고양이에게도 '마음'이라는 것이 있을까요? 사람은 걸핏하면 동물을 사람 입장에서 사람 중심으로 생각하는 경향이 있습니다. 그러나 인체의 비밀조차 완전히 해명되지 않았는데 고양이의 마음을 어떻게 알 수 있을까요? 특히 뇌에 대해서는 지금도 설명되지 않는 것이 많습니다.

흔히 '마음의 병'이라고 하는 것은 사실 뇌 질환입니다. 우리의 감정이나 기분, 마음 등을 조절하고 있는 근간은 다름 아닌 뇌이며, 실제로 사람의 감정이나 마음이 뇌에 의해 만들어진다는 증거를 쉽게 찾아볼 수 있습니다.

여기 뇌에서 마음을 만들어낸다는 사실을 증명한 유명한 일화가 있습니다. 1848년 미국 버몬트주의 피니어스 게이지Phineas Gage는 쇠막대가 머리를 관통하는 끔찍한 사고를 당했습니다. 다행히 목숨은 건졌지만 전두엽의 대부분이 손상되었고, 온후하고 성실했던 그의 성격이 완전히 달라졌습니다. 사고 후 그는 거짓말을 많이 하게 되었고, 분노를 참지 못해 주변 사람들과 다투는 일이 많아졌습니다. 그 바람에 직장에서도 해고당하게 됩니다. 이 사례로부터 뇌가 손상되면 인격이 바뀔 수 있다, 즉 뇌가 감정과 마음에 영향을 미친다는 사실이 증명되었습니다.

🐾 높은 지능의 상징, 혼자 놀기

뇌가 마음을 결정한다고 가정하면, 고양이의 기분을 파악하고자 할 때 고양이의 뇌를 이해하는 것이 더욱 중요해집니다. 고양이의 지능을 사람으로 따진다면 2~3살 정도입니다. 다만 이것을 곧이곧대로 믿기 전에 생각해 봐야 할 문제가 있습니다. 고양이와 인간을 비교할 때는 인간 어린이의 발달 단계를 지표로 하며, 어린이가 할 수 있는 일 중 고양이도 할 수 있을 만한 것을 찾아 비교하는 방식으로 이루어집니다. 하지만 애당초 사람과 고양이는 필요한 행동도, 요구되는 능력도 크게 다르므로 비교가 어려운 부분이 많습니다.

예를 들어 고양이는 약 200개의 단어를 기억할 수 있습니다. 제1장에서도 말했듯이 고양이는 기억력이 매우 뛰어납니다. 이런 점에서는 고양이의 지능이 2~3살 아이보다 더 높다고 할 수 있습니다.

고양이의 지능이 높다는 사실을 뒷받침하는 행동으로는 '혼자 놀기'가 있습니다. 새끼 고양이는 종종 동그랗게 구긴 종이 같이 별것 아닌 물건을 사냥감으로 삼아 발로 툭툭 치고, 물고, 달려 다니는 사냥놀이를 합니다. 이것은 어떤 의미에서 역할놀이라고 할 수 있습니다. 어떤 상황을 상상하고 있는 것이므로 지능이 높지 않으면 할 수 없는 놀이이며, 일본원숭이나 오랑우탄과 같은 진원류^{영장류 가운데 인류가 포함된 진원 아목}, 혹은 수달, 돌고래 등에게서 볼 수 있는 행동입니다.

마침 진원류에 대한 이야기가 나왔으니 침팬지와 고릴라로 예시를 들어 봅시다. 사실 그들의 지능은 거의 비슷한 수준입니다. 하지만 침팬지는 반응이 빠르고 쾌활해 영리한 듯 보이고, 반면 고릴라는 과묵하기 때문에 지혜로워 보이지 않습니다.

고양이와 개의 비교도 비슷한 관점에서 볼 수 있습니다. 개와 고양이는 대표적인 반려동물로서 서로 비교의 대상이 되곤 합니다. 이들의 지능을 비교할 때 개가 더 똑똑하다고 생각하는 사람이 많습니다. 대체로 개는 쾌활하고 사람 말을 잘 들으므로 고양이보다 똑똑해 보이는 경향이 있습니다. 하지만, 사실 이들의 지능은 거의 비슷합니다. 고양이를 개처럼 훈련시킬 수 없는 이유는 이들이 사람 말을 못 알아들어서가 아닙니다(자세한 이유는 제5장에서 설명하도록 하겠습니다).

또한 고양이와 개 사이에는 차이점이 꽤 있는데 그중에서도 개는 집단행동을 하고, 고양이는 단독행동을 한다, 즉 고양이는 독립적이라는 특징을 알 수 있습니다. 야생에서 혼자 살아남을 수 있다는 사실에 비추어 봤을 때, 고양이는 사람이 생각하는 것 이상으로 지능이 높을지도 모릅니다.

고양이의 희로 '애(愛)' 락

이제 고양이의 감정에 대해 알아봅시다.

제1장에서 설명했지만 고양이는 뇌의 가장 바깥 부분인 대뇌신피질이 매우 적기 때문에 이성을 사용하는 '의식적인 감정'보다 본능적인 감정인 '정동'이 더 많은 부분을 차지하고 있습니다. 사람의 의식적인 감정은 대뇌신피질 내의 전두전야_前頭前野. 전두엽 앞부분_가 관장하고 있는데, 고양이에게도 이 전두전야가 조금 있습니다. 다만 전두전야가 어디까지 기능하고 있는지는 아직 밝혀지지 않았습니다.

이렇듯 고양이의 기분은 대부분 대뇌변연계가 담당하

는 정동으로부터 결정됩니다. 정동은 본능을 충실히 따릅니다. 이러한 정동에서 비롯된 감정으로는 재미있다, 흥미롭다, 화난다, 짜증난다, 무섭다, 불안하다, 먹고 싶다, 교배하고 싶다, 상대방과 떨어지기 싫다, 졸리다 등이 있습니다.

고양이는 감정을 온몸으로 표현합니다. 그중에서도 특히 고양이의 꼬리나 자세를 보면 기분이 어떤지 잘 알 수 있습니다. 놀랍게도 고양이의 표정에서도 기분을 알 수 있습니다. 고양잇과 동물은 표정이 다양한 것으로 유명합니다. 쫑긋쫑긋 움직이는 귀, 윗입술과 이어져 있어 눕히거나 떨 수 있는 수염이 다채로운 표정의 요소입니다. 게다가 자유자재로 커지거나 작아지는 동공은 고양이의 감정을 나타내는 대표적인 요소라고 할 수 있습니다.

사람의 감정을 나타내는 말 중에 '희로애락喜怒哀樂'이 있는데, 고양이에게는 '희로애(愛)락'이 있습니다. '애(哀)'에 해당하는 '슬픔'은 고양이에게 없는 감정입니다. 살벌한 야생에서 갖은 일에 슬퍼하다가는 살아남을 수 없기 때문입니다. 마음 아파하거나 슬퍼하는 감정은 의식적인 감정에 해당합니다. 그런 이유에서도 고양이가 슬픔이라는 감정을 알 가능성은 낮습니다.

"그럴 리 없어! 우리 집 고양이는 내가 외출하려고 하면 외롭다는 듯이 슬픈 눈망울로 나를 쳐다보는 걸? 분명 슬퍼서 그랬을 거야!"

안타깝게도 고양이는 주인의 외출을 슬퍼하는 것이 아니라 먹이를 챙겨주는 사람이 없다는 점을 걱정하는 정도일 것입니다. 아마도.

고양이는 표정 부자

그럼 고양이들이 희로애락을 어떻게 표현하고 있는지 표정을 중점으로 살펴봅시다.

기쁨(喜)

고양이가 기쁨을 느낄 때는 식욕 등 본능이 충족되었

을 때입니다. 본능 중에는 흥분으로 이어지는 것도 있습니다. 이때 고양이는 눈동자를 빛내며 생기 가득한 표정을 짓곤 합니다. 귀를 바짝 세우고, 눈을 동그랗게 뜬 상태입니다. 이때 눈에 빛이 많이 들어오므로 눈동자가 반짝반짝 빛나 보입니다. 수염은 흥분 때문에 뿌리에 힘이 들어가 곧게 서 있습니다. 그리고 입부분이 통통해져 꼭 웃는 것처럼 보이기도 합니다. 이 미소는 고양이가 인간과 함께 살게 되면서부터 도드라지게 되었다고 합니다. 주인이나 동거묘 등과 가까이 지내면서 기쁨의 표현이 늘어난 것으로 보고 있습니다.

노여움(怒)

고양이는 단독행동을 하며 살아온 동물이므로 특히 경계심이 강합니다. 때문에 공포나 분노를 표현하는 경우가 많은 편입니다. 고양이를 무서워하는 사람은 아마 화난 고양이가 하악질을 하며 상대를 위협하는 모습을 봤기 때문이 아닐까 싶습니다. 이때는 마치 귀신같은 표정이 되죠. 화난 고양이는 입을 크게 벌려 위아래 송곳니를 보이며 하악질을 합니다. 귀는 '마징가귀^{애니메이션 〈마징가Z〉에 나오는 마징가 로봇의 귀와 비슷하다고 하여 붙여진 별명}'라고 불리는 것처럼 뒤로 젖히거나 접습니다. 또 눈을 크게 부릅뜨면서 대상을 똑바로 쳐다보고, 동공은 가늘고 길어집니다. 분노 때문에 얼굴에 힘이 들어가므로 수염도 바짝 섭니다. 동시에 온몸의 털을 곤두세워 몸집을 커 보이게 만듭니다. 이는 상대방에게 공포심을 줘 더 이상 공격하지 않도록 만들기 위함입니다.

사랑(愛)

고양이가 주인이나 같이 사는 고양이에게 보이는 친애의 표현을 사랑이라고 한다면, 이때의 고양이는 매우 안정적이고 편안한 상태라고 할 수 있습니다. 불필요한 힘을 빼고, 얼굴 근육도 풀려서 황홀하고 느긋한 표정을 짓습니다. 야생고양이에게서는 보기 어려운 표정이죠. 온몸을 흐느적거리는 반려고양이의 모습에 "그렇게 처져 있어도 되는 거야?"라고 애정 섞인 핀잔을 주고 싶기도 합니다.

눈은 반쯤 열려 있고, 눈시울에는 '순막'이라는 흰 보호막이 보이기도 합니다. 귀는 자연스럽게 바깥쪽을 향하고, 수염은 축 처져 있고, 입은 반쯤 벌려 혀가 빼꼼히 나와 있는 경우도 있습니다. 이때 온몸의 힘을 빼고 뒹굴뒹굴 구르는 고양이도 있습니다.

즐거움(樂)

고양이에게 즐거움이란 호기심을 느끼거나 기대감으로 신난 상태를 말합니다. 반려고양이의 경우 사냥 놀이를 하는 중에 느끼는 뿌듯함이나 식사 시간 혹은 간식 시간에 갖는 기대감을 즐거움의 일종이라고 할 수 있겠습니다. 이때 고양이의 수염은 대상을 확인하기 위해서 앞으로 향합니다. 눈동자는 대상에 맞춰 가늘고 길어지고, 그 후 동공이 열려 눈망울이 커집니다. 흔히 검은 눈동자가 크면 고양이가 귀여워 보인다고 하는데 그것은 감정적으로 기뻐서 흥분했기 때문입니다. 기대감에 부풀어 심박수가 오르면 혈액 순환이 좋아지는데 원래 분홍색 코를 가진 고양이들은 코가 새빨개지기도 합니다. 또 귀는 신경 쓰이는 대상의 음원을 찾기 위해서 움찔움찔 작게 움직이며 소리의 출처로 향합니다.

어떤가요? 이렇게 표정만 관찰해도 고양이의 감정을 분명하게 알 수 있답니다.

🐾 귀찮으면 꼬리로 대답한다

얼굴의 표정만큼이나 고양이의 감정이 잘 드러나는 부분이 꼬리입니다. 고양이의 경우 꼬리가 입 대신 말을 한다고나 할까요.

고양이가 꼬리를 움직이는 유형과 이를 통해 유추해 볼 수 있는 고양이의 기분은 다음과 같습니다.

수직으로 바짝 세운 꼬리
이는 원래 새끼 고양이가 어미에게 다가갈 때 하는 행

표정으로 알 수 있는
고양이의 감정

동입니다. 갓 태어난 새끼 고양이는 모든 것에 서투르기 때문에 어미가 항문을 핥아서 배설을 유도합니다. 그때 꼬리를 세우는데 이를 기억하고 어미에게 다가갈 때마다 꼬리를 세웁니다.

또 어미가 새끼 고양이를 데리고 사냥 가는 모습을 관찰해 보면 어미도 새끼도 꼬리를 바짝 세우고 있습니다. 새끼 고양이가 어미 고양이를 흉내 내는 것이기도 하고, 이동 중에 길을 잃지 않도록 꼬리를 세워 표식으로 삼는 행동이기도 합니다. 이러한 이유를 토대로 보면 꼬리를 바짝 세운 고양이의 기분은 '나 좀 봐', '나 여기 있어', '기뻐' 등이며, 상대방에게 호의를 전하는 행동입니다.

꼬리 끝을 살랑살랑

반려묘의 이름을 불러도 대답하지 않고 꼬리만 움직일 때가 있습니다. 딱 봐도 귀찮은 듯하죠? 실제로도 그렇습니다.

고양이는 울거나 다가갈 정도의 일이 아니라고 판단하

면 대답 대신 꼬리만 살랑살랑 흔듭니다. 또는 무언가 시선을 끄는 물건이 있어서 신경 쓰일 때도 꼬리 끝을 흔들곤 합니다.

꼬리를 격렬하게 흔들며 탁탁 친다

이런 식으로 꼬리를 흔들고 있는 고양이의 표정을 보면 기분이 나쁜 상태라는 것을 한눈에 알 수 있습니다. 그야말로 최악이라고 해도 좋습니다. 꼬리를 바닥에 탁탁 내려침으로써 불만과 짜증을 어필하고 있는 것입니다. 이럴 때 섣불리 달래주려고 하면 화풀이를 당하는 경우도 있으니 기분이 조금 나아질 때까지 내버려 두는 것이 좋습니다.

다리 사이에 꼬리를 숨긴다

어마어마한 공포를 느꼈을 때 이 행동을 합니다. 동물병원의 진찰대에서 자주 볼 수 있는 행동입니다. 꼬리를 다리 사이에 숨기는 행동은 항문 주변을 덮어 자신의 냄새를 지움으로써 공포의 대상으로부터 숨으려는 것입니다. 도저히 당해내지 못할 대장 고양이를 만났을 때는 복종의 의미로 쓰이기도 합니다.

너구리 꼬리처럼 부풀린 꼬리

고양이가 깜짝 놀랐을 때나 매우 화났을 때는 꼬리가 펑 터진 것처럼 평소의 2~3배 크기로 부풀어 오릅니다. 이 현상은 교감 신경과 관련 있습니다.

뇌간의 시상하부에 교감 신경의 중추가 존재하고, 어떠한 자극을 받으면 교감 신경이 긴장해 아드레날린이 분비됩니다. 이와 동시에 몸 표면의 얕은 곳에 펼쳐진 입모근이 수축되어 꼬리의 털을 곤두세우는 것입니다.

이는 사람이 소름 돋았을 때의 메커니즘과 똑같습니다. 의식하고 한 행동이 아닌 반사적인 행동인데, 그 결과 꼬리뿐만 아니라 온몸의 털을 곤두세워 몸집을 크게 부풀린 뒤 상대를 위협하는 것입니다.

이와 같이 꼬리는 고양이의 심경을 대변하고 있습니

다. 하지만 개중에는 꼬리가 짧거나 아예 없는 고양이도 있습니다. 이런 경우 긴 꼬리를 가진 고양이만큼 감정을 표현할 수 없으므로 다른 부위의 변화를 관찰해 고양이의 감정을 읽도록 합시다.

꼬리로 하는 말

고양이가 변덕꾸러기인 이유

"야옹~ 야옹~"하고 들러붙어서 응석을 부리는가 싶더니, 갑자기 어딘가에 집중해 눈을 떼지 못하는 고양이. 기분 좋게 누워 있다가도 갑자기 벌떡 일어나서 발톱을 갈기 시작하는 고양이. 밥을 달라며 몸을 비비지만 다 먹고 나면 아는 체도 하지 않는 고양이.

이런 고양이의 행동을 보고 고양이는 변덕스럽다고 생각하는 주인이 많을 것입니다. 또한 기분이 수시로 바뀌는 고양이의 모습이 자신에게 충실하고 자유로워 보인다며 고양이처럼 살고 싶다는 사람도 많습니다.

인간들의 고양이 사랑이 좀처럼 식지 않는 이유는 이처럼 각박한 세상에서 마음껏 변덕을 부리는 모습이 매력적이기 때문일지도 모릅니다. 하지만 고양이는 자신이 원해서 변덕꾸러기가 된 것이 아닙니다.

반려고양이는 새끼 고양이처럼 행동하곤 한다

제1장에서 설명했듯이 고양이의 뇌는 대뇌변연계가 차지하는 비율이 커 본능 행동이 강하게 작용합니다. 동물이 태생적으로 가지고 있는, 즉 배우지 않아도 몸이 먼저 반응하는 반사적인 행동 전반을 '천성적 행동'이라고 하며, 본능 행동도 이에 포함됩니다.

예를 들면 앞에서 말한 발톱을 가는 행동이나, 눈에 보이는 사물에 장난치는 행동 등은 고양이의 본능에 의한 것입니다. 이러한 행동은 냄새나 소리, '수염에 무언가가 닿았다' 등 몇 가지 계기가 신호 자극이 되어 일어납니다. 본능 행동은 항상 우선시되므로 그 전까지 하던 일을 완전히 잊

어버리고 본능 행동에 몰입하게 됩니다. 이 빠른 행동 변환 덕분에 가혹한 야생에서 살아남을 수 있었다고 할 수도 있습니다. 하지만 수시로 관심사가 바뀌는 모습이 인간들 눈에는 변덕꾸러기로 보이기도 합니다.

특히 반려고양이는 주인이 먹이를 규칙적으로 공급해 주기 때문에 어른 고양이가 되어서도 새끼 고양이 시절의 행동이 남아 있어 응석을 부리곤 합니다. 이처럼 집에서 주인의 보호를 받으며 자란 반려고양이는 새끼 고양이 행동을 포함해 4가지 행동 유형을 보입니다. 다음의 4가지 행동 유형이 바로 그것입니다.

야생고양이처럼 행동하기

거듭 말하지만, 고양이 뇌는 대뇌변연계가 대부분을 차지하고 있으므로 본능이 뿌리 깊게 남아 있습니다. 때문에 아무리 세상 물정을 모르는 반려고양이라고 하더라도 수렵 본능이 남아 있으며, 장난감을 가지고 놀거나 창밖의 벌레, 새 등에 반응할 때 바로 야생고양이처럼 '수렵 모드'로 전환

됩니다. 야생고양이처럼 행동할 때는 단독행동 습성이 강하게 드러납니다. 경계심이 강해지고 공격성을 보일 때도 있습니다. 또한 자신의 영역에 문제가 없는지 궁금해하며 활발하게 순찰을 돌고 싶어 합니다. 이때의 고양이는 독불장군이라도 된 듯이 주인의 말도 듣지 않습니다. 함부로 다가가면 적으로 간주해서 공격당할 수 있으므로 주의합시다.

반려고양이처럼 행동하기

다들 아는 바로 그 모습입니다. '반려동물 모드'라고 할 수도 있겠습니다. 주인에게 애교를 부리거나, 간식을 달라고 조르거나, 방 한가운데에 드러누워 배를 보이며 잘 때도 있죠. 사람에게 보호받고 있다는 것을 알고 무방비해진 상태입니다. 완전히 집에서만 키우는 고양이는 반려동물 모드가 기본 상태입니다. 야생에서 집 안으로 거처를 옮기며 사람과 사이가 가까워지자 응석을 부리는 고양이가 늘고 있는 모양인데, 사람을 이용해 편안하게 살려는 무시무시한 전략일지도 모릅니다.

새끼 고양이처럼 행동하기

본래 야생에서는 성묘가 되면 새끼 고양이 같은 행동은 하지 않습니다. 자립하지 못하면 살아갈 수 없기 때문입니다. 하지만 반려고양이는 사냥을 하지 않아도 규칙적으로 영양이 풍부한 먹이를 공급해 주는 존재가 있으므로 언제나 새끼 고양이처럼 구는 경향이 있습니다.

구체적으로는 어미 고양이에게 보일만 한 행동을 합니다. 주인의 몸 위에서 꾹꾹이(앞발을 번갈아 움직여서 주무르는 행위)를 하거나, 주인의 손가락을 핥거나, 꼬리를 세운 채 다가와 몸을 비비기도 합니다. 이렇게 천진난만하고 귀여운 상태의 고양이는 '새끼 고양이 모드'라고 볼 수 있습니다. 이때 고양이는 주인을 부모로 생각하고 있으므로 가능한 어리광을 받아주고 예뻐해 주도록 합시다.

부모 고양이처럼 행동하기

자연 친화적인 지역에서 산책냥이로 자란 고양이들은 외출 후에 뱀이나 비둘기를 잡아 오는 경우가 종종 있다고 합니다. 뿐만 아니라 바퀴벌레, 쥐를 잡아 오기도 합니다. 주인 입장에서는 달가울 리 없는 이런 행동은 고양이의 '부모 고양이 모드'에서 비롯됩니다. 주인을 사냥에 서툰 새끼 고양이로 보고 사냥감을 나눠주고 있는 것입니다.

주인이나 같이 사는 고양이를 핥아주는 행위도 미숙한 새끼 고양이의 털을 대신 정리해 주는 행동이라고 합니다. 제3장에서 설명했듯이 고양이는 모성 본능이 강해 새끼를 낳아본 적이 없는 수컷고양이라고 하더라도 본능적으로 부모 고양이처럼 행동하는 법을 알고 있습니다. 또한 동거묘가 있는 경우에는 그 고양이를 챙겨줌으로써 부모 고양이처럼 행동하는 것에 익숙해지는 모양입니다.

고양이의 행동 유형이 이렇게나 다양하다니, 다소 정신없죠? 하지만 고양이들이 수시로 기분을 전환하며 스트레스를 해소하는 것일지도 모른다는 생각이 듭니다. 무슨 일이든 스스로 해결하려고 하는 고양이들의 성격을 생각해 보면 아무래도 꽤 알맞은 생존 전략인 것 같습니다.

울음소리로 기분을 표현한다

어릴 때부터 고양이 울음소리는 "야옹"이라고 배웠지만 막상 고양이와 살며 듣는 소리는 "애옹~", "먁!", "냐", "냐오~", "얆오" 등 다양합니다. 실제로 고양이 울음소리는 20종류 정도라고 알려져 있습니다. 하지만 사실 야생 고양이는 울음소리를 낼 일이 거의 없습니다. 단독생활을 하므로 동료를 부를 필요도 없고, 섣불리 소리를 냈다가는 오히려 적에게 들키거나 사냥감이 달아나기 때문입니다.

하지만 분명히 울음소리로 다른 고양이와 소통하는 경우도 있습니다. 바로 새끼 고양이 시기, 발정기, 영역 싸움

시기입니다.

새끼 고양이는 어미 고양이의 돌봄이 필요하기 때문에 자신의 의사를 전하기 위해서 웁니다. 새끼 고양이가 끊임없이 가냘픈 울음소리로 "미야옹~ 미야옹~" 하고 우는 것은 그 때문입니다.

번식기가 되면 고양이는 짝짓기 상대를 찾아 돌아다닙니다. 발정한 길고양이의 울음소리를 분류하자면 수컷은 굵고 낮으며, 암컷은 높은 편입니다. 암컷고양이는 "나오~ 나오~" 하고 꼭 아기가 우는 듯한 독특한 울음소리로 자신의 존재를 알립니다. 하지만 막상 짝짓기를 할 때는 아픈 나머지 "갸옹!" 하고 우렁차게 웁니다(제3장 참조).

고양이는 자신의 영역을 지키기 위해 다른 고양이와 싸우기도 합니다. 다만 단독생활을 하기 때문에 부상을 입으면 사냥을 할 수 없어 목숨이 위태로워지므로 불필요한 싸움은 피합니다. 하지만 마음에 들지 않는 패거리를 만났을 때는 참지 않고 "으으응", "갸옹!", "하악!" 등 난폭한 울음소리로 상대방을 위협합니다. 더 이상 다가오지 말고 이곳을 떠나라는 뜻입니다.

😺 상대방에 따라 바뀌는 울음소리

고양잇과 동물 중에서 가장 자주 우는 것은 사람이 키우는 반려고양이입니다. 사람에게 의지하며 사는 반려고양이는 나이와는 관련없이 늘 새끼 고양이처럼 행동합니다. 앞에서 말했듯이 새끼 고양이는 어미 고양이에게 바라는 것이 있을 때 울음소리로 의사를 전하므로 반려고양이가 울 때는 대부분 무언가 요구하고 있는 것입니다. "밥 줘", "놀아줘", "쓰다듬어줘" 등. 야옹야옹 울어서 원하는 것을 얻고, 이를 학습해 반복합니다.

제1장에서 말했듯이 고양이는 기억력이 좋은 동물입니다. 특히 좋은 일과 나쁜 일을 잘 기억합니다. 우는 행위를 통해 원하는 것이 이루어진 경험을 하고 나면 우는 방법이나 타이밍 등을 기억해서 반복합니다.

아무리 울어도 상대해 주지 않는 사람 앞에서는 굳이

울음소리를 내는 수고를 하지 않습니다. 반응해 주는 사람에게만 울어서 어필합니다. 울음소리를 구분해서 사용해 자신이 원하는 바를 얻어내는 고양이와 그 전략에 감쪽같이 속아 넘어간 인간의 조화라고 할 수 있겠습니다.

'고양이는 일부러 인간 아기와 비슷한 울음소리를 낸다'는 설도 있다고 합니다. 이쯤 되면 인간은 완전히 고양이의 손아귀에서 놀아나고 있는 것 같습니다만, 뭐 피차 행복하다면 된 거 아니겠어요?

또 한 가지, 반려고양이가 입만 벌리고 울음소리는 내지 않는 경우가 있습니다. 이는 굳이 울지 않아도 원하는 대로 욕구가 충족된 경험이 있기 때문에 우는 것마저 귀찮아하는 것입니다. 역시 고양이는 대단합니다.

반대로 실제로는 울고 있는데 사람이 듣지 못하는 경우도 있는 모양입니다. 제2장에서 말했다시피 사람이 들을 수 있는 주파수는 2만 3,000헤르츠까지입니다. 한편 고양이는 8만 헤르츠의 고음을 낼 수 있습니다. 이렇듯 사람과 고양이의 음역 차이에 의해 고양이의 울음 소리가 사람에게 들리지 않는 현상이 일어날 수도 있습니다.

어쨌거나 사람을 향해서 입을 벌리고 원하는 것을 어필하는 것은 반려고양이 특유의 행동입니다. 그야말로 '반려고양이 모드'의 절정이지요.

고양이는 왜 '골골송'을 부르는 걸까?

흔히들 '골골송'이라고 부르는 고양이의 행동을 본 적이 있나요? 입을 벌리고 아무 소리도 내지 않는 행동과는 다릅니다. 정반대로 입을 닫고 우는 패턴을 골골송이라고 부릅니다. 고양이를 키워본 사람이라면 한 번쯤은 들어봤을 만한 그 신기한 소리 말입니다. 고양이가 그릉그릉 울고 있을 때 목청에 손을 갖다 대면 진동이 느껴집니다.

최근 들어 미국 루이지애나주에 위치한 툴레인대학교의 연구팀이 이 골골송을 구체적으로 연구했습니다. 이에 따르면 고양이의 골골송은 약 65데시벨(사람이 대화를 나누는 정도의 음량)로, 후두가 규칙적으로 진동하며 그르릉 울리는 소리가 나고 진동이 일어나는 것으로 판명되었습니다. 후두의 근육이 두 성대에 있는 틈을 여닫으면서 목에 흐르는 공기를 울리고 있던 것입니다(도표 10 참조).

골골송도 고양이 뇌가 관여하는 행동입니다. 진동의 원인이 신경세포의 흥분과 관련 있기 때문입니다. 뇌는 신경세포인 뉴런의 집합이라고 말할 수 있습니다. 뇌가 작동하면 뉴런에서 뉴런으로 전기 신호가 흐릅니다. 이 전기 신호를 '임펄스^{impulse}'라고 하며, 이는 뉴런이 자극을 받고 흥분함으로써 일어납니다. 고양이는 임펄스 전달에 의해 골골골 진동하게 됩니다. 따라서 골골송에도 고양이 뇌 속의 신경 중추 활동이 관여하고 있습니다.

🐾 골골송은 고양이 나름의 메시지

그렇다면 왜 그르렁거리는 소리를 내는 걸까요?

[도표 10] 골골송 발생 구조

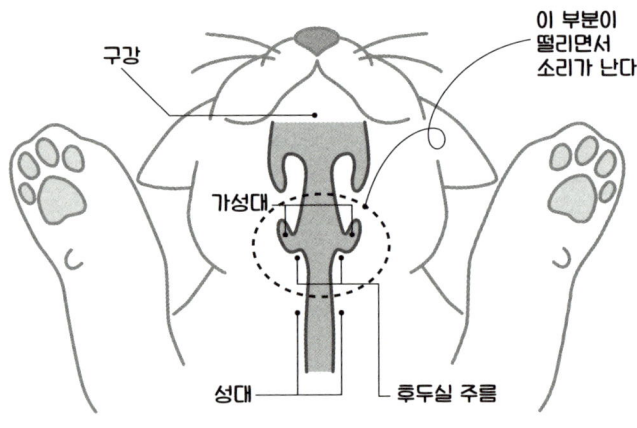

이에 대한 추측 중에서 가장 유력한 것은 어미 고양이와 새끼 고양이의 소통에서 시작되었다는 설입니다. 고양이는 생후 일주일이면 어미 고양이의 젖을 빨면서 그르렁거리기 시작합니다. 이는 "나 여기 있어. 잘 먹고 있어"라는 의미로 자신의 안부를 어미 고양이에게 전하는 것입니다. 그르렁거리면 몸이 진동하므로 누워서 젖을 주던 어미 고양이도 새끼 고양이의 존재를 확인할 수 있습니다.

그렇다면 새끼 고양이가 골골송을 부르는 방법을 알고 있는 것은 본능일까요? 고양이로 태어난 이상 따로 배우지 않아도 반사적으로 할 수 있는 생득적 행동일지도 모르지만, 알려져 있는 사실에 따르면 어미 고양이가 새끼 고양이에게 골골송을 가르칩니다. 어미 고양이는 골골 소리를 냄으로써 새끼 고양이를 안심시킵니다. 그리고 어미 고양이가 낸 소리를 새끼 고양이가 흉내 내며 골골송을 부르게 되었다고 추측하고 있습니다.

이처럼 어미 고양이와 새끼 고양이가 소통할 때 자주 보이는 행동 중 하나가 그르렁거리는 것입니다. 고양이가 그르렁거리는 것은 안심하고 있는 상태이거나 어리광을 부리고 있다는 뜻으로 알려져 있습니다.

그러나 기분이 좋을 때만 그르렁 소리를 내는 것은 아닙니다. 몸이 아플 때나, 다쳐서 부상을 입었을 때도 비슷한 소리를 냅니다. 이는 익숙한 진동으로 자기 자신을 달래려는 의도라고 추측되고 있습니다.

제1장에서도 설명했지만, 고양이 뇌에는 불안이나 공포에 재빠르게 반응하는 편도체가 잘 작동하고 있습니다. 그렇기 때문에 불안감 등이 자극 요인이 되어 임펄스가 전해지고, 이 때문에 골골송이 시작되는 것이 아닐까 싶습니다.

이렇게 보면 골골송은 고양이가 보내는 메시지와 같습니다. 분명 부정적인 의미를 전하는 상황도 있지만, 반려고양이의 골골송은 대부분 주인에게 어리광을 부릴 때 사용됩니다.

담요나 이불 같이 푹신하고 부드러운 것을 덮고 휴식을 취하고 있으면 고양이가 다가와 앞발을 번갈아 가며 주무르듯이 움직이는 '꾹꾹이'를 하곤 합니다. 이는 새끼 고양이 시절 젖이 더 잘 나오도록 꾹꾹 누르던 행동의 자취입니다.

꾹꾹이를 할 때 고양이는 대개 그릉그릉 골골송을 부르고 있습니다. 아무래도 꾹꾹이와 골골송은 '어리광 세트'인가 봅니다. 이 어리광 세트는 새끼 고양이 모드인 반려고양이에게서만 볼 수 있습니다. 표정을 보면 넋을 놓고 황홀한 상태가 되어 있습니다. 주인을 어미 고양이라고 생각하고 마음껏 어리광을 부리고 있는 것입니다. 귀엽지 않나요?

2009년 영국에서 사람은 고양이의 골골송에 속아 넘어가곤 한다는 연구 결과가 발표되었습니다. 골골송 소리와 "냐~ 냐~"하는 고양이 울음소리를 섞어 녹음한 뒤 50명에게 들려주었더니, 이들 중 대부분이 평범한 울음소리보다 긴급하게 느껴진다고 대답했습니다. 즉 고양이들은 응석을 부릴 때 내는 골골골 소리와 요구하는 바가 있을 때 사용하는 높은 울음소리를 섞어 사용함으로써 자신의 욕구를 충족하고 있습니다.

원하는 것을 얻어내기 위해 이런저런 수를 사용하는 고양이, 사람만큼이나 똑똑하다는 생각이 드는 것은 저뿐일까요?

고양이는
클래식 음악 애호가

골골송의 독특한 템포를 활용해 만든 음악이 있다고 합니다.

2015년 미국의 위스콘신대학교에서는 고양이가 어떤 음악을 좋아하는지에 대한 실험이 이루어졌습니다. 이 실험 결과를 토대로 사람이 평소에 듣는 소리보다 1옥타브 높은 소리, 고양이의 습성상 좋아할 만한 리듬을 채택했고, 동 대학의 연구자와 음악가가 협업해 고양이를 위한 음악을 공동 작곡했습니다. 완성된 음악을 47마리의 고양이에게 들려주었더니 약 80퍼센트의 고양이가 흥미를 보였다고 합니다.

확실히 고양이들이 선호하는 음악 장르가 있긴 합니다. 바로 클래식 음악입니다. 2015년 포르투갈 리스본대학교의 한 연구팀이 고양이와 클래식 음악에 대한 실험을 실시했습니다.

실험 내용은 전신마취를 하고 중성화 수술 중인 고양이에게 몇 가지 유형의 곡을 들려주고 반응을 보는 것이었습니다. 실험 결과, 클래식 음악을 들려줬을 때 고양이의 호흡이 가장 안정적이었다고 합니다. 오히려 음악을 들려주지 않았을 때보다 침착했다고 하니 놀라운 결과가 아닐 수 없습니다.

고양이가 모차르트의 음악을 좋아한다는 설도 있습니다. 모차르트의 작품 중에 주파수가 높은 곡이 많기 때문입니다.

제2장에서 해설했듯이 고양이는 가청역이 넓고, 사람이 들을 수 있는 것보다 3배 높은 소리까지 들을 수 있습니다. 사냥감인 소동물의 울음소리가 초음파이기 때문에 높은

소리를 좋아하는 것입니다.

　　모차르트의 음악은 인간의 뇌에도 좋은 영향을 끼친다고 알려져 있습니다. 높은 주파수나 독특하게 흔들리는 선율이 자율 신경의 부교감 신경에 작용해서 음악 세러피 효과를 기대할 수 있다고 합니다. 고양이 뇌에서도 마찬가지로 작용해 자율 신경의 균형을 잡아주는 것일지도 모릅니다.

　　또 모차르트가 애묘가였다고 하니 곡에 애정이 포함되어 있는 것일지도 모르지요.

　　고양이가 좋아하는 음악에 관해 보다 다양한 연구가 기다려지는 부분입니다. 누가 그런 연구를 원하겠냐구요? 다소 쓸모없는 연구처럼 보이겠지만 실제로 고양이를 음악으로 치유할 수 있다는 사실이 확실해지면 다양하게 활용할 수 있습니다. 동물 병원에서 음악을 사용해 긴장을 풀어줄 수도 있고, 이사를 했거나 동물 병원에 다녀온 뒤 스트레스를 받은 고양이에게 음악을 들려주며 안심시킬 수도 있지요.

제5장

인간과 고양이가
함께 살아가기 위한 길

인간은 언제부터 고양이를 키우게 되었을까?

현재 인간과 함께 살고 있는 고양이는 '집고양이'라고 불리는 품종입니다. 집고양이의 선조는 중동과 아프리카에 서식했던 유럽 살쾡이의 아종^{亞種, 종을 다시 세분한 생물 분류 단위} '리비아살쾡이'라고 추측되어 왔습니다.

그리고 이 설은 2007년 미국의 한 연구팀이 발표한 유전자 해석에 의해 증명되었습니다. 그들은 세계 각지에 살고 있는 집고양이 1,000여 마리의 유전자를 수집해 해석했고, 그 결과 리비아살쾡이가 집고양이의 공통 선조라는 사실을 밝혀냈습니다.

한층 더 거슬러 올라가 리비아살쾡이의 선조는 식육목의 한 속인 '미아키스'라는 동물입니다. 이들은 꼭 지금의 족제비 같이 생긴 동물입니다. 숲 속에서 진화를 거듭하던 미아키스 중에서 사냥을 특기로 하는 부류가 출현했고, 이것이 바로 고양잇과 동물의 탄생입니다. 출현 시기는 대체로 4000만~3000만 년 전으로 알려져 있습니다.

고양잇과 동물 중에서도 작은 체구를 가진 개체는 영역 싸움에서 패해 점점 숲에서 쫓겨나게 되었고, 결국 사냥감이 적은 건조 지대까지 밀려났습니다. 리비아살쾡이 역시 이렇게 영역을 옮기게 되었습니다.

리비아살쾡이는 주로 서아시아에서 북아프리카에 서식했으며, 도마뱀이나 쥐를 사냥감으로 삼아 적은 수분으로 살아남았습니다. 흑갈색 줄무늬, 역삼각형의 얼굴, 뾰족한 귀 등의 특징으로 보아 현재의 줄무늬고양이(흔히 고등어 태비라고 부르는 종)와 매우 닮았으며, 생김새만 보아도 이들이 집고양이의 선조임은 확실해 보입니다.

🐾 시작은 윈윈

　야생의 리비아살쾡이는 어떤 계기로 사람과 함께 살게 된 것일까요? 이유는 리비아살쾡이의 주식이 쥐였기 때문입니다.

　농경 생활을 시작한 인류는 쥐 때문에 골치 아픈 일이 많았습니다. 농작물을 애지중지 가꿔봐야 쥐들이 다 갉아먹고 남는 게 없었기 때문입니다. 이때 전전긍긍하던 인간들 앞에 구원자처럼 나타난 것이 쥐를 잡아먹는 리비아살쾡이였습니다. 아마 먹이를 찾아 이동하던 리비아살쾡이들이 우연히 인간 마을에 방문했다가 먹이 문제가 해결되자 자연스럽게 정착하게 되었을 가능성이 큽니다. 최근 먹이를 찾아 주택가에 출몰하는 곰 등의 야생 동물들도 이와 비슷한 이유로 도심에 방문하는 게 아닐까 생각됩니다.

　리비아살쾡이는 처음에는 어쩔 수 없이 인간의 거주지에 머물렀던 건데 생각지도 못한 환영을 받게 되었습니다. 체구도 작고, 사람에게 피해를 주지도 않고, 곡물을 노리는 쥐를 퇴치해 주는데 곡물에는 일절 관심이 없다니! 인간에게는 더할 나위 없이 완벽한 짝이었습니다.

이처럼 인간에게 사랑 받고, 그에 보답하듯 인간의 거주지에 정착하게 된 리비아살쾡이가 우호적인 사람-고양이 관계의 시작점이라고 할 수 있습니다.

가축이라는 말에 위화감을 느끼는 사람도 있겠지만 고양이도 가축으로 분류됩니다. 소, 말, 돼지, 개 등 가축이라고 불리는 동물 중에서 인간에게 먼저 다가온 동물은 고양이밖에 없습니다. 다른 동물들은 인간에게 잡혀서 사육된 경우입니다. 하지만 고양이는 다릅니다. 고양이의 선조 리비아살쾡이는 그저 평소처럼 사냥을 했을 뿐인데 인간에게 기쁨을 주었습니다. 즉 사람과 고양이의 첫 만남은 윈윈(win-win)이었다고 할 수 있습니다. 이 운명적인 만남의 시기는 과연 언제쯤이었을까요?

2004년 지중해의 키프로스 섬 남부에서 약 9500년 전 신석기 시대 유적이 발굴되었는데 이 중에는 고양이 유해도 있었습니다. 인간의 유골 옆에 나란히 누워 있는 것은 8개월령으로 추정되는 수컷 리비아살쾡이였습니다. 인간과 같은 무덤에 매장되어 있었던 점, 보석이나 석기 등 소중히 여겨져 왔던 물건이 함께 묻힌 점 등으로 미루어 보아 이 고양이는 무덤 주인에게 특별한 존재였던 것 같습니다.

이 유골이 발견되기 전까지는 약 4000년 전에 고대 이집트에서 처음으로 고양이를 가축으로 길들였다고 생각해 왔습니다. 이집트에서 발견된 약 3500년 전의 벽화에 고양이가 그려져 있었기 때문입니다. 하지만 키프로스 섬에서 발견된 유적 덕분에 고양이가 약 1만 년 전부터 이미 인류와 상생하고 있었다는 사실이 밝혀졌습니다. 그러나 키프로스 섬에는 리비아살쾡이와 같은 야생 고양잇과 동물이 분포되어 있지 않았습니다. 무덤 속의 고양이는 누군가 지중해 동부의 연안 지역에서 데려와 키웠을 가능성도 있습니다.

😺 유형 성숙이라는 전략

인간과 고양이가 함께 살기 시작한 장소가 어디인지에 대해서는 아직 분명하게 밝혀지지 않았지만, 어쨌든 간에 고양이는 약 1만 년 전부터 이미 가축 이상의 존재로서 사랑 받으며 소중히 다뤄져 온 모양입니다.

고양이가 오래 전부터 사람들에게 사랑받고 있었단 사실은 고대 이집트인들이 고양이를 풍요와 다산, 보호의 여신으로 여기며 숭배했던 역사를 통해 알 수 있습니다.

하지만 아무리 고양이가 사람에게 도움을 준다고 해도 리비아살쾡이는 야생 동물입니다. 어떻게 야생 동물이 사람과 유대를 쌓고 친근하게 지낼 수 있었던 걸까요? 그 이유를 들추어 볼 수 있는 키워드는 '네오테니 neoteny'입니다.

네오테니란 이른바 '유아화'로, 아이의 몸 상태를 유지한 채 번식력을 가진 어른이 되는 것입니다. 유형 성숙 동물의 생장이 일정한 단계에서 멈추고 생식소만 성숙해 번식하는 현상이며, 잘 알려진 예시로는 아홀로틀(우파루파)이 있습니다.

흔히들 우파루파로 알고 있는 이 동물의 정식 명칭은 아홀로틀이며, 멕시코도롱뇽이라고도 합니다. 한때 인기 있는 반려동물이기도 했죠. 이들은 유형 성숙을 하는 동물입니다. 바로 생김새가 떠오른 사람도 있겠지만 아주 깜찍한 생김새를 가졌습니다.

리비아살쾡이도 이들처럼 인류의 거주지에 정착해 번식하게 되면서 유아화되어 현재의 집고양이와 같은 생김새를 갖추게 된 것이라 추측됩니다. 사람과 함께 살아가려면 야성이 강한 것보다는 응석 부리며 살갑게 다가가는 편이 더 귀여움받기 쉬우니까요. 붙임성 좋은 개체일수록 인간들에게 사랑받았고, 이렇게 살아남은 이들이 계속해서 번식함으로써 유아화가 진행되었습니다. 후에 인간들이 저지른 인위적 번식도 하나의 이유가 되었을지 모릅니다만, 고양이 입장에서도 유아화하는 것이 살아남기 위한 일종의 전략이었을지도 모릅니다.

집고양이는 야생 리비아살쾡이에 비해 뇌 크기가 작다고 알려져 있습니다. 제3장에서도 조금 다뤘지만, 동물이 가축화되면 뇌가 축소됩니다. 야생에서 사용하던 뇌의 부위가 더 이상 필요하지 않게 되어 백질 부분이 축소되기 때문입니다.

단, 뇌의 크기가 더 크다고 해서 야생 리비아살쾡이가 집고양이보다 지능이 높은 것만은 아닙니다. 뇌 크기 축소에는 가축화에 따라 머리 크기가 작아지거나, 씹는 힘이 약해지는 것 등의 이유가 관계되어 있습니다. 동물원의 사자가 좋은 예입니다. 동물원에 사는 사자는 야생 사자에 비해 얼굴이 펑퍼짐하게 퍼지며 두상이 변합니다. 그 차이는 일목요연합니다.

고양이의 진화 과정을 되돌아보며 특별히 강조할 점은 고양이는 가축화되었음에도 불구하고 기원종인 리비아살쾡이와 겉모습이 크게 차이 나지 않는다는 점입니다. 다른 가축들은 진화 과정을 거치며 기원종과 크게 달라졌지만,

리비아살쾡이와 닮은 줄무늬고양이

고양이는 뇌가 축소된 것과 체구가 약 25퍼센트 정도 작아진 정도입니다.

앞에서도 언급했듯이 특히 줄무늬고양이는 리비아살쾡이와 생김새가 비슷합니다. 약 1만 년 동안이나 자신의 모습을 바꾸지 않고도 인류 사회에 능숙하게 스며든 고양이의 적응력에 놀라지 않을 수 없습니다. 하지만 이것 또한 고양이의 생존 전략이겠지요.

고양이는 인간의 말을 이해하고 있는 걸까?

    고양이는 수천 년 전부터 사람과 생활해 왔지만, 몸의 형태나 크기 등이 기원종과 비교해 크게 달라지지 않았습니다. 즉 야성성이 살아있는 상태에서 기적적으로 인간과 함께 살아온 것입니다. 자신의 삶을 인간에게 맞춰 바꾸지 않고 자유롭게 살아가는 고양이들, 과연 이들은 인간을 어떻게 생각하고 있을까요?

    주인은 고양이에게 말을 걸 때 고양이 언어를 사용하지 않고 "야옹아, 이리 오렴"과 같이 인간 언어를 사용합니다(물론 그렇지 않은 사람도 있겠지만……). 이때 고양이는 사람의 말을 이해하고 있는 걸까요?

이와 관련된 흥미로운 연구 결과가 있습니다. 2019년 4월 영국의 한 과학지에서 반려고양이가 자신의 이름과 일반 명사, 그리고 같이 사는 다른 고양이의 이름을 구분할 수 있다는 사실과 이를 증명한 실험의 내용을 실었습니다. 일본 조치대학교의 연구팀이 실시한 실험을 요약하면 다음과 같습니다.

우선 반려고양이나 고양이 카페에서 관리하는 고양이 등 약 70마리를 모집했습니다. 이들을 상대로 피실험묘의 이름, 그와 비슷한 억양을 가진 단어, 비슷한 음절 개수를 가진 단어, 그리고 다른 고양이의 이름을 연속해서 부른 뒤, 마지막으로 다시 피실험묘의 이름을 불렀습니다. 그 결과, 고양이의 반응이 점차 줄어들다가 자신의 이름이 다시 불리자 큰 반응을 보였다고 합니다. 이 실험 결과를 통해서 고양이가 자신의 이름을 기억하고 있을 뿐만 아니라 자신의 이름과 다른 단어의 차이를 이해하고 있다는 사실이 증명된 것입니다.

고양이를 키우는 사람들은 이 실험을 의아하게 생각할 수도 있습니다. 일상적이고 당연한 일이거든요. 하지만 해당 연구를 진행하고, 실험을 통해 결과를 증명했다는 것 자체에 의의가 있습니다. 고양이들이 워낙 변덕스러워서 말입니다.

고양이는 소리로 단어를 구별하고 있다

그렇다면 뇌 활동을 바탕으로 고양이의 인간 언어 이해도를 살펴보면 어떨까요?

언어 기능을 담당하고 있는 부위는 대뇌신피질입니다. 앞서 설명했다시피 대뇌신피질은 고양이 뇌에 희미하게 존재할 뿐인데다 그닥 발달된 상태도 아닌 것으로 알려져 있습니다. 이 점을 생각한다면 고양이가 단어를 이해할 수 있다고 하더라도 단어와 단어의 조합까지는 이해하지 못할 것으로 예상됩니다.

또한 고양이는 뛰어난 청각 기능을 자부합니다(제2장 참조). 때문에 인간이 소리 내어 말하는 단어의 미묘한 소리 차이를 구별할 수 있고, 이를 응용해 단어의 차이를 구분하고 있을 가능성이 있습니다. 게다가 고양이는 기억력이 매우 뛰어난 동물이므로 직접 경험한 일과 관련된 단어를 기억할 수 있습니다. 특히 먹이나 생존에 관한 것은 중요한 문제이므로 잘 기억합니다.

2011년 미국의 한 뉴스는 개의 품종 중 하나인 보더 콜리가 특별 훈련을 통해 1,000개가 넘는 단어를 기억할 수 있었다는 내용을 보도했습니다. 물론 고양이는 개와 달리 훈련시키기 어렵지만, 뇌의 구조나 지능면에서 개와 큰 차이가 없기 때문에 아마 고양이도 상당수의 단어를 기억할 수 있을 것입니다. 훈련에 따라주지 않는다는 점이 아쉽지만요.

고양이는 영역 동물이므로 자기 영역에서 일어나는 변

화에 민감합니다. 야생에서 무리 지어 생활하지 않고 단독 생활을 해 왔으므로 영역에 일어난 이변을 눈치채지 못하면 목숨이 위험해질 수도 있기 때문입니다. 인간과 사는 고양이에게는 주인도 영역의 일부입니다. 때문에 고양이는 평소에도 늘 사람을 관찰하고 있습니다. 사람이 말을 할 때 들리는 억양이나 길이, 강약 또한 관찰 대상입니다. 그리고 이렇게 관찰한 말을 상황과 함께 기억해 두고 가끔씩 그 기억을 되살려서 사람이 하는 말을 이해하는 데 사용합니다.

고양이가 인간 언어를 이해할 때는 그와 관련된 경험이 중요하게 작용합니다. 따라서 주인은 긍정적인 말을 할 때와 부정적인 말을 할 때 목소리 크기, 높낮이, 억양 등을 분명하게 구분하는 것이 좋습니다. 예를 들어 고양이를 칭찬할 때는 높은 목소리로 부드럽게 말끝을 올리고. 반대로 주의를 줄 때는 낮은 목소리로 크게 말하며 말끝을 내리는 편이 좋습니다.

그리고 고양이가 자신의 이름을 기억할 수 있다고 하니 부정적인 상황에서 이름을 부르지 않도록 주의합시다.

자칫 싫은 기억으로 남을 수 있기 때문입니다. 앞으로는 칭찬할 때나 맛있는 간식을 줄 때 등 긍정적인 상황에서만 이름을 부르도록 합시다.

앞의 내용으로 미루어 보면 고양이는 상황이나 태도를 통해 인간이 말하는 내용을 얼추 짐작하고 이해하고 있다는 사실을 알 수 있습니다. 하지만 사람의 말을 어느 정도 이해한다고 해도 뇌 구조상 사람과 대화를 할 수는 없습니다. 언뜻 당연해 보이는 사실이지만 고양이와의 소통을 경험해 본 사람이라면 이에 반박하고 싶을지도 모릅니다.

고양이와 직접 대화를 나눌 수는 없지만 서로의 말이나 감정을 이해하고 있으니 그걸로 만족하는 건 어떨까요? 고양이 입장에서는 단순한 영역 확인일 뿐이지만 이들이 우리를 가만히 관찰함으로써 인간을 이해하고, 함께 하기 위해 노력하고 있다고 생각하면 고양이와 사는 삶이 조금 더 행복하게 느껴질 것입니다.

고양이를 개처럼 훈련시킬 수 없는 이유

앞에서 개에 관한 이야기를 꺼낸 김에 오래된 라이벌 관계, 고양이와 개의 차이에 대해 알아봅시다.

개와 고양이는 예로부터 반려동물의 대표로 인간과 친밀하게 지내왔습니다. 고양이는 약 1만 년 전부터 사람과 가까이 살게 되었다고 알려져 있는데(제5장 인간은 언제부터 고양이를 키우게 되었을까? 참조) 개의 경우 그보다 더 오래됐다고 볼 수 있습니다. 2만 년쯤 된 반려견의 뼈나 이빨이 발견된 적이 있기 때문입니다. 개는 가축화된 동물 중 가장 오래되었으며, 인간과 함께한 역사를 기준으로 한다면 단연

최고의 파트너라고 할 수 있습니다. 요즘은 고양이를 키우는 사람이 많아지고 있는 추세지만, 그 전까지는 오랫동안 개가 반려동물의 주역을 차지하고 있었습니다.

개는 대체로 외향적이고 인간의 말을 잘 따릅니다. 그런 개와 비교되기 때문에 고양이가 한층 더 변덕꾸러기로 보이는 것일지도 모릅니다. 고양이가 변덕스러운 이유는 제4장에서 설명한 바 있습니다만, 사람을 골탕 먹이려고 변덕을 부리는 것은 아닙니다. 그렇다면 개는 훈련시킬 수 있고 고양이는 훈련시킬 수 없는 이유는 무엇일까요?

🐾 같은 선조 다른 진화

고양이와 개의 차이점은 진화 과정에서 나뉜 서식 지역과 그로 인해 변화한 행동 패턴으로부터 시작되었습니다. 사실 개의 선조도 미아키스입니다. 고양이와 개는 선조가 같지만 숲과 평원으로 서식 지역이 나뉘었습니다. 그리고 선택한 서식 지역에 따라 사냥의 방법도 차이를 보입니다.

평원에서 살던 개는 무리 지어 사냥감을 궁지에 몰아넣는 수렵 방법을 확립했고, 집단생활 방식으로 살아가게 되었습니다. 동료와 협력하지 않으면 살아갈 수 없기 때문에 자연스럽게 집단 내 서열을 의식하게 되었습니다. 개들의 사회성은 인간과 조금 닮은 것 같습니다.

한편 고양이는 숲에 매복하며 단독으로 사냥하는 방식을 선택했습니다. 스스로 몸을 지킬 뿐 아니라 모든 것을 스스로 판단하며 살아남았기 때문에 누군가를 따르는 습성이 없습니다. 수렵 방법의 차이로 인해 개처럼 누군가의 명령에 따른 일이 없었던 것입니다.

몸에 배인 습관은 그리 쉽게 바꿀 수 없습니다. 사람도 그렇지 않나요? 집단생활을 잘하는 사람이 있는가 하면 혼자 있기를 좋아하는 사람도 있기 마련입니다. 머리로는 '이렇게 하는 것이 좋다'고 생각해도 기질이 잘 따라주지 않습니다. 삶의 태도 차이죠.

개는 산책을 해야 하고, 사람들과 생활하는 일이 많으

므로 개를 키우는 사람들은 우리 개가 다른 사람들에게 피해 주지 않도록 미리 훈련해 둘 필요가 있습니다. 하지만 고양이는 개처럼 외출하지 않으므로 애당초 훈육할 필요가 없습니다.

요즘 고양이를 산책시키는 사람들이 있는데, 산책은 고양이에게 상당한 스트레스를 줍니다. "우리 고양이는 밖에 나가는 걸 좋아해요", "우리 고양이는 산책을 즐겨요"라는 변명은 사람이 멋대로 한 착각일 뿐입니다.

고양이는 영역 동물이기 때문입니다. 자기 영역 밖으로 벗어나면 불안해합니다. 만약 한 번 산책했다면 매일 같은 시간 똑같은 장소에 방문해야만 합니다. 그렇게 하지 않으면 영역을 확인할 수 없으므로 극도로 초조해하며 스트레스를 받습니다. 고양이가 스트레스를 받든 말든 꼭 외출시켜야겠다면 차라리 고양이가 혼자 산책하고 돌아오도록 두는 편이 낫습니다. 워낙 자유를 좋아하는 데다 단독생활 동물이기 때문입니다. 집으로 돌아올지는 미지수지만요.

또 고양이와 개를 비교할 때 꼭 나오는 주제 중 하나가 배변 훈련입니다. 일반적으로 고양이는 배변 훈련을 시키지 않아도 본능적으로 모래 위에서 볼일을 봅니다. 그래서 고양이가 더 똑똑하다는 이야기가 나오곤 합니다. 개가 들으면 아마 어이없어하겠죠.

하지만 배변 문제 역시 각각의 행동 패턴과 관련 있습니다. 홀로 생활하는 야생 고양이는 라이벌 고양이가 눈치채지 못하도록 영역의 중심부에서 자신의 냄새를 지울 필요가 있었습니다. 필사적으로 그루밍grooming, 몸을 치장하는 일. 고양이에게 그루밍이란 이물질을 제거하기 위해 혀로 온몸을 핥거나 이빨·발톱으로 털을 다듬는 행동을 말함하는 것과 정해진 장소에서 배설하고, 그 위에 모래를 덮어 냄새를 지우는 것도 같은 이유입니다. 그러니까 고양이가 알아서 화장실을 가리는 것은 개보다 똑똑하기 때문이 아니라 오랜 습성으로 인한 것입니다.

한편 개는 평원에서 동료들과 무리 지어 생활해 왔으므로 정해진 장소에서 배설하는 습성이 없습니다. 그래서 개에게 화장실이 무엇이고 어디에 있는지, 왜 화장실에 볼 일을 봐야 하는지 가르치기 어려운 것입니다. 하지만 개는 사람의 말을 잘 따르니 꾸준히 훈련시킨다면 배변 문제를 해결할 수 있습니다. 고양이는 그렇게는 못합니다. 사람을 리더라고 생각하지 않기 때문에 무언가를 가르친다고 해도 개만큼 잘 따라 주지 않습니다. 배변 훈련을 할 필요가 없어서 천만다행입니다.

어쨌든 개도 고양이도 학습 능력이 높으므로 사람과 생활하기 위해 지켜야 할 최소한의 규칙 정도는 가르칠 수는 있을 것입니다. 하지만 동물로서의 습성은 고칠 수 있는 것이 아닙니다. 그러니 개를 키우든 고양이를 키우든 인간이 먼저 동물들의 습성을 잘 이해하고 배려하며 좋은 관계를 유지하도록 합시다.

고양이가 말썽을 부릴 땐 반드시 이유가 있다

앞에서 살펴보았듯 고양이가 배변 훈련을 받지 않고도 화장실을 가릴 수 있는 이유는 고양이의 지능이 높기 때문이 아닙니다. 정해진 장소에서 배설하는 고양이의 습성을 감사하게 생각하는 주인이 많을 것입니다. 그만큼 고양이의 소변 냄새는 강렬합니다.

고양이와 살다보면 겪는 당황스러운 일 중 하나가 바로 고양이의 소변 실수입니다. 특히 이불 위에 소변을 봤다면 더욱 곤란해지죠. 게다가 한 번 냄새가 배면 그곳을 찾아내 또다시 반복할 것입니다. '내 냄새가 나는 곳'은 소변을 봐도 되는 장소라고 인식하기 때문입니다. 문제는 이 냄새가 사람은 구분하지 못할 정도로 미세하다는 것입니다.

그러니 두 번 다시 오줌 테러를 당하고 싶지 않다면 사고가 일어난 이불은 꼭 버려야 합니다. 아무리 좋은 이불이라고 하더라도 어쩔 수 없습니다. 이러한 이유로 고양이와 사는 사람은 고급 이불을 사용할 수가 없습니다. 공감하시나요?

고양이가 이불에 소변을 보는 이유는 다양합니다. 푹신푹신한 감촉이 화장실 모래와 비슷해서, 소변이 잘 흡수되기 때문에 발이 젖지 않는 점이 마음에 들어서, 따뜻해서 등.

고양이의 소변 냄새는 주인에게만 민폐인 것이 아니라 몇몇 사람들이 고양이를 혐오하는 요인 중 하나가 되고 있습니다. 허락도 없이 마당에 들어온 길고양이가 소변을 보고 갔는데 냄새까지 지독하다면 누구나 눈살을 찌푸리게 될 것입니다. 그런 이유로 싫다고 한다면 유감입니다.

고양이가 화장실이 아닌 곳에 소변을 볼 때는 반드시

이유가 있다고 합니다. 특히 냄새가 심한 경우에는 '마킹'을 한 것일 수도 있습니다.

마킹이란 자신의 냄새를 묻혀 영역을 표시하는 행동을 말합니다. 소변 외에도 몸이나 얼굴을 비비거나 발톱을 가는 행동을 보이기도 합니다. 소변을 눠 마킹하는 것을 '스프레이'라고 하며, 중성화 수술을 하지 않은 수컷에게서 종종 볼 수 있는 행동입니다. 하지만 종종 중성화 수술을 마친 수컷이나 암컷에게서 볼 수도 있습니다.

🐾 소변 실수의 원인

십여 년 전 이와테대학교와 이화학연구소가 스프레이로 배출된 소변에서 특히 강렬한 냄새가 나는 이유를 밝혀내 화제가 된 바 있습니다. 고양이 소변 냄새의 근원은 '펠리닌'이라는 성분입니다. 이는 아미노산의 일종이며, 고양이 오줌에 있는 '코키신'이라는 단백질에서 펠리닌이 생성됩니다. 뭐든 직접 확인해야 직성이 풀리는 고양이의 강한 호기심에서 명명되었다고 하는 이 물질은 고양이의 성페로몬과 관련 있으며, 중성화 수술을 하지 않은 수컷의 오줌에는 암컷의 약 4배가량 되는 펠리닌이 포함되어 있다고 합니다. 냄새의 메커니즘이 밝혀진 후 이를 활용해 탈취제 등의 제품을 개발하고 있다고 하니 인간에게도 고양이에게도 의미 있는 연구였다고 할 수 있습니다.

스프레이는 나름대로 이유가 있는 행동이므로 무턱대고 나무라지 않길 바랍니다. 앞에서 설명했지만 마킹 행동을 한다는 것은 영역 내에서 불안한 일이 일어났다는 뜻입니다. 고양이는 영역에 이변을 느끼면 '여긴 내 영역이야!'라고 강하게 주장하고 영역을 지키기 위해 강한 냄새를 남깁니다. 그러니 고양이가 여기저기 스프레이를 했다면 주인은 고양이를 혼낼 게 아니라 영역에 문제는 없는지, 왜 불안해하는지 원인을 밝히고 해결책을 찾아야 합니다.

중성화 수술을 한 반려고양이가 스프레이 행동을 보인 경우 생각해 볼 수 있는 원인은 다음과 같습니다.

① 동거묘 중에 사이가 좋지 않은 고양이가 있다.

② 집 안에서 길고양이의 모습이 보인다.

③ 최근 이사했거나 가구 배치가 바뀌는 등 생활 환경에 변화가 있었다.

④ 화장실이 놓인 장소가 마음에 들지 않는다. 또는 화장실이 더럽다.

⑤ 사냥 놀이 등의 자극이 충분하지 않아 욕구불만 상태다.

⑥ 특정 장소나 물건을 화장실로 잘못 기억하고 있다.

⑦ 싫은 냄새가 나서 그 냄새를 없애려고 했다.

제법 많네요. 그만큼 고양이는 섬세하고 예민한 동물입니다.

소변 실수 외에도 발톱으로 가구나 벽지를 찢어 놓거나, 선반에 있는 물건을 떨어뜨리거나, 쓰레기 봉지를 뒤지는 등 함께 사는 동안 고양이가 하지 않았으면 하는 행동이 있을 것입니다. 하지만 앞서 말했듯 고양이는 개처럼 주인에 대한 의존도가 높은 것도 아니고, 훈육으로 행동을 제한하는 것 역시 어렵습니다. 어떻게 하면 골치 아픈 행동을 그만두게 할 수 있을까요?

우선 고양이가 일으키는 말썽을 전부 적어봅시다. 발톱으로 가구와 벽지를 뜯거나, 선반 위에 올라가 물건을 떨어뜨리는 것부터, 흥분해서 사람을 깨물거나 할퀴는 행위까지. 적고 보니 모두 고양이의 습성과 관련 있음을 알 수 있습니다.

🐾 가구를 망가뜨리는 게 싫다면 스크래처를 마련하세요!

동물의 습성은 태생적으로 몸에 배인 행동이나 다름없기 때문에 너무 억눌렀다가는 본래의 동물다움, 고양이다움을 잃기 마련입니다. 뿐만 아니라 스트레스가 쌓여 문제 행동을 더 많이, 더 자주 보일 위험도 있습니다. 하지만 습성을 그대로 내버려 두면 사람이 난처해집니다. 그렇다면 고양이는 스트레스 받기 전에 습성을 발산할 수 있어 좋고, 같이 사는 인간은 수습하느라 쩔쩔 매지 않아도 돼 좋은 방법을 알아보도록 합시다.

지시 훈육이 어려운 고양이에게 필요한 것은 바로 환경 정비입니다. 예를 들어 발톱으로 벽지와 가구를 망쳐놓는 행동을 막고 싶다면 발톱을 갈 수 있는 다른 장소, 스크래처를 마련해 주면 됩니다. 그리고 가구를 마구 찢어놓는 행동을 제지했을 때 고양이 스스로 '이건 긁어놓으면 안 되는구나!'라고 판단하도록 하는 것이 포인트입니다. 무작정 안 된다고 쫓아내거나 화내면 주인을 싫어하게 되고, 신뢰 관계가 무너질 가능성이 있기 때문입니다. 제1장에서 설명했듯 고양이는 기억력이 좋기 때문에 싫은 것을 잘 기억하고, 한 번 기억하면 오랫동안 잊지 않습니다. 그러니 미움 받으면 안 되겠죠?

가구를 망가뜨리는 게 싫다면 스크래처를 마련하세요!

거듭 말하지만, 고양이는 기본적으로 자유를 선호하고 억눌려 사는 것을 싫어하는 동물입니다. 사람은 고양이와 함께 살아갈 때 고양이의 행동을 존중하면서 사람이 곤란을 겪지 않는 방향으로 환경을 갖추어야 합니다.

스트레스에 취약한 고양이?

손님이 오면 부리나케 숨는 모습이나 하악질 등을 보면 알 수 있듯 고양이는 신경질적이고 예민하며, 스트레스에 취약하다고 합니다. 정말일까요?

고양이는 오감이 매우 뛰어나 사람이 느끼기엔 사소한 일에도 예민하게 반응합니다. 또 기억력이 좋아 싫은 것은 오랫동안 기억하고 있습니다. 만약 싫은 기억과 비슷한 상황에 처하면 빠르게 알아채고 무서워합니다. 고양이 뇌에는 대뇌변연계가 발달되어 있기 때문에 편도체가 잘 작동해 사람보다 공포나 불안을 느끼기 쉽습니다(제1장 참조).

정확히 말하자면 고양이는 스트레스에 취약하다기보다는 스트레스를 받기 쉬운 것입니다. 불안을 잘 느끼고 섬세한 성격의 사람일수록 스트레스를 자주, 많이 받는 것과 비슷합니다. 감각이 예민한 동물의 고충이라고 할 수 있습니다.

고양이는 영역 동물입니다. 자신의 영역 내에서 사냥을 하거나 번식 상대를 찾으면서 살아갑니다. 영역 내에 다른 개체가 들어오면 먹이를 빼앗길 수 있고, 이는 생명을 위협하는 일이 될 수도 있습니다. 때문에 매일 순찰을 돌아서 영역의 안전을 지키려고 합니다.

고양이는 자신의 영역이 평소대로 유지되고 있어야 안심하고, 만약 평소와 다른 어떤 것이 있다면 그게 무엇이든지 모두 스트레스 요소로 작용합니다.

지역마다 차이가 있겠지만, 현재 고양이는 실내에서만 키우는 것이 일반적인 방식입니다. 그렇다면, 이때 고양이의 영역은 사람과 살고 있는 집 안이 됩니다. 집에서 일어난 작은 변화가 사람에게는 별것 아닌 일일지 몰라도 뛰어난 감각을 가진 고양이에게는 큰일처럼 느껴질 수 있습니다.

    청각을 예로 들어봅시다. 고양이의 가청역은 사람의 3배 이상이기 때문에 사람의 재채기 소리도 고양이에게는 폭발음처럼 들립니다. 청소기 소리나 현관 벨소리를 싫어하는 것도 이러한 이유입니다. 또 기계 소리는 자연에서는 들어본 적 없는 소리이기 때문에 익숙해지기 쉽지 않습니다.

    마찬가지로 후각도 사람보다 20만~30만 배 뛰어나므로 냄새에 민감합니다. 개만큼은 아니지만요. 택배 상자나 주인이 외출할 때 메고 나갔던 가방에 코를 가져다대고 킁킁거리는 고양이의 모습을 본 적이 있을 것입니다. 새로 맡아본 냄새에 혼란스러워하는 모습입니다. 방향제나 향수도 고양이에게는 자극적인 냄새입니다. 물론 아로마도 마찬가지이니 고양이가 있는 장소에서는 사용하지 않는 것이 좋습니다.

하지만 반려고양이에게 있어서 가장 스트레스인 것은 역시 갑작스러운 환경의 변화일 것입니다. 이사, 가구 배치의 변화, 가족 구성원의 변화, 손님, 낯선 고양이 등. 그리고 동물 병원에 가는 것도 영역에서 벗어나는 일이므로 큰 스트레스를 줍니다.

🐾 고양이는 틈틈이 스트레스를 발산하고 있다

사람과 사는 일상에 이렇게나 많은 스트레스 요인이 있다니, 가슴 아픈 일입니다. 하지만 고양이도 나름대로 스트레스 발산 기술을 익히고 있답니다.

모처럼 기분 좋게 자고 있었는데 갑자기 손님이 와서 깼다거나, 주인이 억지로 안아서 불편하다거나, 점프에 실패해서 짜증난다거나 하는 일시적인 스트레스를 받았을 경우 고양이는 별난 행동을 합니다. 갑자기 털을 핥기 시작하거나, 크게 하품을 하거나, 발톱 갈기도 합니다. 전후의 행동과는 아무런 맥락 없이 하는 행동이며, 이것을 '전위 행동'

이라고 부릅니다. 일상에서 자주 하는 행동을 함으로써 짜증을 억누르고 마음을 평온하게 유지하려 하는 것입니다.

사람도 전위 행동을 합니다. 긴장될 때 머리를 긁거나, 지루할 때 메모지에 낙서를 하는 행동도 전위 행동입니다. 무의식중에 마음을 진정시키고 있는 것입니다. 이 전위 행동만 봐도 고양이와 사람은 비슷한 구석이 많다는 것을 알 수 있습니다.

틈틈이 스트레스를 발산하고 있다는 하지만 분명 피할 수 없는 스트레스도 있을 것입니다. 성격이 잘 맞지 않는 고

하품도 전위 행동 중 하나

양이와 함께 살고 있는 경우가 그에 해당합니다. 오랫동안 반복적으로 스트레스를 받으면 건강에 좋지 않습니다. 오랜 기간 지속적으로 스트레스를 받은 고양이는 어떻게 될까요? 고양이의 뇌를 살펴봅시다.

제1장에서 설명했듯이 호르몬을 담당하고 있는 것은 뇌간의 시상하부이며, 이는 자율 신경에 관여하는 영역입니다. 고양이가 스트레스를 받으면 뇌에서 부신 피질 자극 호르몬이 분비됩니다. 다음으로 이 호르몬에 의해 부신 피질 호르몬이 분비되는데, 그 일종인 당질 코르티코이드가 지나치게 분비되면 혈당량이 상승해 면역력이 낮아집니다. 알다시피 면역력이 저하되면 온갖 질병에 걸리기 쉬워집니다. 그중에서도 고양이가 걸리는 스트레스성 병에는 위장염, 과도한 그루밍에 의한 지성脂性 피부염, 소변이 잘 나오지 않는 특발성 방광염이 있습니다.

자유롭게 사는 것처럼 보이는 고양이가 집에서 스트레스성 병에 걸리다니, 믿기 힘든 사실일지도 모르겠습니다.

주인들은 반려고양이의 모습을 유심히 관찰해 스트레스의 요인이 되는 것들을 최대한 멀리하고, 또한 고양이가 안심할 수 있는 장소를 마련하는 등의 대책을 세워야 합니다.

인간과 고양이가 아무런 어려움 없이 함께 살아갈 수 있을까요? 어떠한 갈등도 없이 사이좋게 살아가는 일은 인간들 사이에서도 쉬운 일이 아닙니다. 더구나 종이 다른 동물이니 서로를 이해하는 것이 중요합니다. 최근 인간과 고양이 사이의 거리가 좁혀졌다고는 하지만, 고양이를 인간과 똑같이 생각하고 인간의 관점에서 이해하려 하는 것은 적절하지 않습니다. 고양이의 습성을 존중하고 어느 정도 일정한 거리를 유지하며 지내는 것이 서로를 위한 길이 되지 않을까 생각합니다.

응가는 고양이의
주장입니다

제5장에서는 고양이의 소변 실수에 대해서 알아봤습니다. 다 나름대로의 이유가 있어서 실수를 하게 되는 것이라고 설명했는데, 이와 마찬가지로 배변에도 고양이의 주장이 실립니다.

친구가 키우는 반려고양이 이야기입니다. 친구 부부가 고양이에 대한 방송을 보고 있었는데, 그들이 키우는 반려고양이가 화면 속의 수컷고양이의 목소리에 반응해 텔레비전 화면에 다가갔다고 합니다.

뿐만 아니라 당장이라도 화면 속 수컷고양이를 습격할 정도의 기세였다고 합니다. 친구 부부는 그런 반려고양이의 모습을 보며 "역시 친구가 필요한가?"라는 생각을 했다고 합니다. 그런데 장면이 바뀌고 화면에서 고양이가 사라졌는데도 반려고양이는 여전히 불안해하며 어쩔 줄 몰라 했답니다.

참고로 그 친구 집의 텔레비전 크기는 49인치이고, 4K 화질에 외장형 스피커까지 달아 거의 작은 극장 정도의 수준이었다고 합니다. 아마 이 덕분에 현장감이 엄청났던 모양입니다.

다음날, 방에서 이상한 냄새가 나기 시작했습니다. 텔레비전이 있는 거실이 아닌 다른 방이었습니다. 냄새의 원인을 찾아내려 방을 탐색하다 발견한 것은 짐 상자 위에 덩그러니 놓인 반려고양이의 응가였습니다. 그것도 큰 응가요! 고양이 화장실은 거실에 있었으며, 늘 잘 청소해 주기 때문에 지저분한 상태가 아니었다고 합니다. 더구나 평소

엔 소변 실수를 하는 일도 없었다고 합니다.

　왜 이런 행동을 했을지 짐작이 가시나요? 이 배변 실수는 바로 마킹입니다. 집에 낯선 고양이가 들어왔다고 생각한 반려고양이는 불안해진 나머지 배변으로 자기주장을 하고 말았습니다. "여기는 내 영역이야!" 소변보다 더욱 지독한 냄새를 풍기면서요. 텔레비전 화면 속의 고양이가 실제로 이 집에 들어왔다고 착각해 강하게 견제한 거죠.

　야생 고양이에게서도 비슷한 양상을 볼 수 있습니다. 서열이 높은 고양이일수록 배변 후 모래를 덮지 않고 그대로 방치합니다. 경우에 따라서는 높은 장소 등에 일부러 배변을 해서 냄새가 나도록 어필하는 경우도 있습니다.

　반려고양이가 배변을 한 뒤 정성스럽게 모래를 덮는 행위는 자기의 냄새를 지우는 습성인 동시에 자신의 서열이 낮음을 드러내는 것입니다. 누구와 비교한 서열이냐고요? 바로 주인입니다. 반려고양이는 자신보다 몸집이 크고 먹이를 주는 주인을 자신보다 서열이 높은 동물이라고 인정하고 있습니다. 그러므로 반려고양이라면 보통 배변을 한 후에 모래로 꼼꼼하게 덮습니다.

만약 우리 고양이가 배변을 모래로 덮지 않는다면, 말 못할 불만이 있는 것입니다. 이런 경우 고양이가 불안한 상황에 놓여 있지 않은지 주의 깊게 살펴봐야 합니다.

맺음말

　포유동물학자로서 고양이에게 매료된 지 벌써 반 세기 정도 되었습니다.

　이렇게 고양이의 행동을 뇌 과학적으로 되돌아보니 새로운 사실을 발견할 수 있었고, 흥미로운 작업이었습니다. 이 책에서도 이미 여러 번 말했지만 고양이라는 동물에 대해서는 좀처럼 연구가 진행되고 있지 않습니다. 때문에 확답하지 못하고 추측하는 수밖에 없는 부분이 많아 답답함을 느끼는 것이 사실입니다. 그렇지만 이 책에서는 지금까지 판명된 고양이의 뇌와 행동의 비밀에 대해 최대한 이해하기 쉽게 적었다고 자부합니다.

　최근에 알게 된 고양이의 생태에 대한 새로운 사실은 수컷고양이가 육아에 적극적으로 참여한다는 것입니다. 지금까지는 아비가 된 수고양이는 어미 고양이와 새끼 고양이를 떠난다는 것이 정설이었습니다. 새끼 고양이에게 다가가면 어미 고양이가 화를 내서 애당초 근처에도 얼씬하지 못하는 데다, 아비 고양이가 새끼를 죽일 수도 있어 위험하다는 것이 이유였습니다.
　이는 무리를 이뤄 생활하는 사자 외의 고양잇과 수컷 동물에게서 흔히 볼 수 있는 행동이며, 암컷은 새끼를 키우는 동안 수컷을 가까이 오지 못하도록 경계합니다. 하지만 새끼 고양이가 독립해 곁을 떠난 후에는 발정기가 돌아옵니다. 때문에 지금까지는 새끼를 죽이면 암컷의 발정기가 시작되므로 수컷이 새끼 고양이를 죽여 자신의 새로운 핏줄을 낳으려 한다고 알려져 왔습니다. 지금까지의 사례로 미루어 봤을 때 고양이가 부창부수夫唱婦隨로 육아한다는 것은 생각도 할 수 없었습니다. 하지만 최근 조사로 인해 수컷 고양이의 육아 참여 사실이 밝혀졌고 이는 제게 신선한 놀라움이었습니다. 이처럼 앞으로 더 새로운 사실이 밝혀지기를 기대합니다.

2019년 8월

이마이즈미 다다아키

주요 참고 문헌

今泉忠明《図解雑学 最新 ネコの心理》(2011、ナツメ社)

今泉忠明《図解雑学 ネコの心理》(2006、ナツメ社)

今泉忠明《猫はふしぎ》(2015、イースト・プレス)

今泉忠明《飼い猫のひみつ》(2017、イースト・プレス)

加藤正明・保崎秀夫・三浦四郎衛・大塚俊男・浅井昌弘監修《精神科ポケット辞典》〈新訂版〉(2006、弘文堂)

坂元志歩、大阪大学蛋白質研究所監修《いのちのはじまり、いのちのおわり》(2010、化学同人)

佐々木文彦《楽しい解剖学 猫の体は不思議がいっぱい!》(2011、学窓社)

スチュアート・シャンカー 小佐田愛子訳《「落ち着きがない」の正体》(2017、東洋館出版社)

STEPHEN G. GILBERT 牧田登之監訳《猫の解剖図説 PICTORIAL ANATOMY OF THE CAT》(1991、学窓社)

谷口研語《犬の日本史》(2000、PHP研究所)

中野信子《サイコパス》(2016、文藝春秋)

長谷川篤彦監修、田中亜紀訳《猫の内科学ノート》(2005、学窓社)

林良博監修《イラストでみる猫学》(2003、講談社)

ポール・D・マクリーン 法橋登編訳・解説《三つの脳の進化 新装版》(2018、工作舎)

山根明弘《ねこの秘密》(2014、文藝春秋)

참고 논문

小林愛〈日常的な関わり方と人と猫の情緒的結びつきに関する研究〉(2017、麻布大学大学院 獣医学研究科 動物応用科学専攻 博士後期課程 介在動物学)
佐藤昭夫〈大脳辺縁系と情動〉(2003、〈人間総合科学〉第5号)
理化学研究所・岩手大学〈ネコの尿臭の原因となる化合物を生産するメカニズムを解明──タンパク質「コーキシン」が臭いのもと「フェリニン」の生産を酵素として制御──〉(2006、報道発表資料)

참고 웹 사이트

朝日新聞DIGITAL
https://www.asahi.com/articles/ASM444G9RM44ULBJ007.html

CATS INTERNATIONAL
http://catsinternational.org/the-intelligent-cat/

脳科学辞典
https://bsd.neuroinf.jp/

BBC NEWS JAPAN
https://www.bbc.com/japanese/36285464

PR TIMES
https://prtimes.jp/main/html/rd/p/000000010.000026724.html

우리 집 고양이의 행동 심리

초판 1쇄 발행 2020년 08월 07일

지은이   이마이즈미 다다아키
옮긴이   장인주
발행인   곽철식

책임편집   구주연
디자인   박영정
펴낸곳   다온북스
인쇄   영신사

구성 편집   야나세 아쓰코柳瀬篤子(CO2 Inc)
편집 협력   오카다 사유리岡田小百合
커버, 띠지&본문 일러스트   야마무리 마사요山村真代
도판 제작   요네야 히로시米谷洋志
사진 제공   고토 사쿠라後藤さくら
DTP Tokyo Color Photo Process Co., Ltd.

출판등록   2011년 8월 18일 제311-2011-44호
주소   서울시 마포구 토정로 222, 한국출판콘텐츠센터 313호
전화   02-332-4972   팩스   02-332-4872
전자우편   daonb@naver.com

ISBN 979-11-90149-35-8 (13490)

- 이 책은 저작권법에 따라 보호받는 저작물이므로 무단 전재와 무단 복제를 금하며,
  이 책의 내용의 전부 또는 일부를 사용하려면 반드시 저작권자와 다온북스의 서면 동의를 받아야 합니다.
- 잘못되거나 파손된 책은 구입한 서점에서 교환해 드립니다.

> 이 도서의 국립중앙도서관 출판예정도서목록(CIP)은 서지정보유통지원시스템
> 홈페이지(http://seoji.nl.go.kr)와 국가자료공동목록시스템(http://www.nl.go.kr/kolisnet)에서
> 이용하실 수 있습니다.(CIP제어번호:CIP2020027395)

- 다온북스는 독자 여러분의 아이디어와 원고 투고를 기다리고 있습니다.
  책으로 만들고자 하는 기획이나 원고가 있다면, 언제든 다온북스의 문을 두드려 주세요.